电动汽车充电站
建设·运营·管理·维护

陈兆伟　郭　婷　崔万田　主编

DIANDONG QICHE CHONGDIANZHAN
JIANSHE YUNYING GUANLI WEIHU

·北京·

本书主要介绍了电动汽车充电站的建设、电动汽车充电站施工要点、电动汽车充电站的构成与功能、电动汽车充电站配电系统、电动汽车充电站监控系统、电动汽车充电桩、汽车充电机、电动汽车充电站的安全管理及安全防护、电动汽车充电站(桩)运营与管理、电动汽车充电桩维护与故障处理等内容。本书通俗易懂、深入浅出，涵盖了充电站(桩)的建设、安装、运营、管理以及服务。

本书可作为从事电动汽车充换电站建设和运营工作的工程技术人员、管理人员、服务人员和相关专业学生的参考用书，也可作为社会各界人士了解电动汽车及其相关知识的普及读物。

图书在版编目（CIP）数据

电动汽车充电站建设·运营·管理·维护/陈兆伟，郭婷，崔万田主编. —北京：化学工业出版社，2020.3（2025.2重印）
ISBN 978-7-122-35929-2

Ⅰ.①电… Ⅱ.①陈…②郭…③崔… Ⅲ.①电动汽车-充电-电站-研究 Ⅳ.①U469.72

中国版本图书馆 CIP 数据核字（2020）第 008145 号

责任编辑：陈景薇　　　　　　　　　　文字编辑：冯国庆
责任校对：宋　玮　　　　　　　　　　装帧设计：王晓宇

出版发行：化学工业出版社（北京市东城区青年湖南街13号　邮政编码100011）
印　　装：北京建宏印刷有限公司
787mm×1092mm　1/16　印张10　字数254千字　2025年2月北京第1版第8次印刷

购书咨询：010-64518888　　　　　　　售后服务：010-64518899
网　　址：http://www.cip.com.cn
凡购买本书，如有缺损质量问题，本社销售中心负责调换。

定　价：58.00元　　　　　　　　　　　　　　　　　版权所有　违者必究

前言

汽车产业发展到如今,功能化趋势愈发凸显,新能源汽车将迎来高速发展。汽车产业"新四化",即电动化、网联化、智能化、共享化,已成为汽车行业公认的未来趋势,不具备"四化"特征便很有可能被淘汰。预计到2027年,在新购车用户中,"00后"将占7.2%,"90后"占41.8%,"80后"占35.4%。这几代人是在互联网环境中成长起来的,无网络不生活。所以,汽车必将向高级智能移动终端演变,而新能源汽车将迎来高速发展。作为新能源汽车能量补给的主要媒介,充电基础设施的建设以及运营管理技术成为当下亟待研究和解决的问题。了解动力电池以及充电基础设施的分类及工作原理,掌握以充电站为主的充电基础设施的选址、规划原则以及匹配方法,对于新能源汽车领域的学者和从业人员是极为重要的。因此,笔者依据相关的国家标准和行业规范编写了本书。

本书内容丰富,涵盖了充电站(桩)的建设、安装、运营、管理以及服务,具体内容主要有电动汽车充电站的建设、电动汽车充电站施工要点、电动汽车充电站的构成与功能、电动汽车充电站配电系统、电动汽车充电站监控系统、电动汽车充电桩、汽车充电机、电动汽车充电站的安全管理及安全防护、电动汽车充电站(桩)运营与管理、电动汽车充电桩维护与故障处理。

本书通俗易懂、深入浅出,可作为从事电动汽车充换电站建设和运营工作的工程技术人员、管理人员、服务人员和相关专业学生的参考用书,也可作为社会各界人士了解电动汽车及其相关知识的普及读物。

本书由陈兆伟、郭婷、崔万田主编,曹军、翟克强、唐惠明副主编,由于涛、王红微、王媛媛、李东、郭婷、张志滨、赵伟廷、齐丽娜、刘艳君、刘静、张黎黎、董慧等共同协助完成。

由于笔者学识和经验有限,虽然尽心尽力编写,但书中难免有不足之处,恳请广大读批评指正。

编者

目录

第1章 电动汽车充电站的建设 …………………………………………… 1
1.1 电动汽车充电站规划与选址 …………………………………………… 2
1.1.1 充电设施选址的影响因素 ………………………………………… 2
1.1.2 充电设施选址的原则 ……………………………………………… 4
1.2 充电站施工建设要求 …………………………………………………… 6

第2章 电动汽车充电站的施工 …………………………………………… 9
2.1 施工要点 ………………………………………………………………… 10
2.2 施工过程中的常见问题 ………………………………………………… 18

第3章 电动汽车充电站的构成与功能 …………………………………… 19
3.1 电动汽车充电站的主要名词及术语 …………………………………… 20
3.2 电动汽车充电站的构成 ………………………………………………… 21
3.3 电动汽车充电站的系统配置 …………………………………………… 22
3.4 电动汽车充电站的系统功能及充电模式 ……………………………… 25
3.5 电动汽车充电站的典型建设方案 ……………………………………… 27
3.5.1 交流充电桩的典型建设方案 ……………………………………… 27
3.5.2 立体充电站和平面充电站的典型建设方案 ……………………… 29

第4章 电动汽车充电站配电系统 ………………………………………… 37
4.1 充电站对供电电源的要求 ……………………………………………… 38
4.1.1 配电电压 …………………………………………………………… 38
4.1.2 配电变压器 ………………………………………………………… 39
4.1.3 配电容量 …………………………………………………………… 40
4.2 配电系统的结构及主接线 ……………………………………………… 41
4.2.1 配电系统的结构和供电方式 ……………………………………… 41
4.2.2 配电系统的主接线 ………………………………………………… 43
4.3 充电机(站)对电力系统的影响 ……………………………………… 45
4.3.1 公用电网的谐波限值 ……………………………………………… 46
4.3.2 充电机(站)谐波的计算分析方法 ……………………………… 47
4.3.3 充电站谐波的工程算法 …………………………………………… 49
4.3.4 影响充电站谐波大小的因素 ……………………………………… 54
4.4 充电机(站)的谐波治理对策 ………………………………………… 56

    4.4.1 采用多脉波整流 ……………………………………………………… 57
    4.4.2 采用功率因数校正技术 ………………………………………………… 58
    4.4.3 采用 PWM 整流器来获得直流母线电压 ……………………………… 59
    4.4.4 采用静止无功补偿技术 ………………………………………………… 59
    4.4.5 充电站电力滤波器 ……………………………………………………… 59

第 5 章 电动汽车充电站监控系统 …………………………………………… 71

  5.1 充电站监控系统的构成及配置原则 …………………………………………… 72
    5.1.1 充电站监控系统的基本功能 …………………………………………… 72
    5.1.2 充电站监控系统的基本要求 …………………………………………… 73
    5.1.3 充电站监控系统的基本构成 …………………………………………… 73
  5.2 充电站监控系统的监控网络 …………………………………………………… 74
    5.2.1 充电站监控系统网络的结构 …………………………………………… 74
    5.2.2 充电站监控系统网络的功能 …………………………………………… 76
    5.2.3 充电站监控系统网络的设置模式 ……………………………………… 77
  5.3 充电机监控单元与外界的通信协议 …………………………………………… 78
    5.3.1 非车载充电机监控单元与电池管理系统的通信协议 ………………… 78
    5.3.2 车载充电机监控系统与交流充电桩的通信协议 ……………………… 81

第 6 章 电动汽车充电桩 ……………………………………………………… 85

  6.1 充电桩的基本形式 ……………………………………………………………… 86
  6.2 充电桩的构成和功能 …………………………………………………………… 86
    6.2.1 交流充电桩的构成和功能 ……………………………………………… 86
    6.2.2 直流充电桩的构成和功能 ……………………………………………… 87
  6.3 充电接口 ………………………………………………………………………… 88
    6.3.1 交流充电接口 …………………………………………………………… 88
    6.3.2 交流充电的控制导引 …………………………………………………… 90
    6.3.3 直流充电接口 …………………………………………………………… 91

第 7 章 汽车充电机 …………………………………………………………… 93

  7.1 汽车充电机的分类 ……………………………………………………………… 94
  7.2 电能变换技术 …………………………………………………………………… 94
  7.3 传导式车载充电机 ……………………………………………………………… 95
    7.3.1 车载充电机的技术要求 ………………………………………………… 95
    7.3.2 车载充电机技术 ………………………………………………………… 96
  7.4 传导式非车载充电机 …………………………………………………………… 96
    7.4.1 非车载充电机的技术要求 ……………………………………………… 97

  7.4.2 非车载充电机的组成 …………………………………………………… 97
 7.5 非接触式充电机 ………………………………………………………………… 99
  7.5.1 非接触式充电的原理 …………………………………………………… 100
  7.5.2 非接触式充电机的技术实现方式 ……………………………………… 102
 7.6 充电机的试验与测试 …………………………………………………………… 103

第8章 电动汽车充电站的安全管理及安全防护 ……………………… 107

 8.1 电动汽车充电站的安全管理及安全防护的技术要求 ……………………… 108
  8.1.1 充电站的防火措施 ……………………………………………………… 108
  8.1.2 电动汽车充电站安全防护的技术要求 ………………………………… 108
  8.1.3 电动汽车充电站电气设备上工作的安全管理 ………………………… 108
 8.2 电动汽车充电机的安全管理 …………………………………………………… 109
  8.2.1 充电机的安全防护危险点分析 ………………………………………… 109
  8.2.2 充电机的安全防护措施 ………………………………………………… 109
  8.2.3 直流充电机安全操作 …………………………………………………… 110
  8.2.4 交流充电机安全操作 …………………………………………………… 110
 8.3 电动汽车动力蓄电池的安全管理 ……………………………………………… 111
  8.3.1 动力蓄电池的安全环境 ………………………………………………… 111
  8.3.2 动力蓄电池充电的安全管理 …………………………………………… 112
  8.3.3 电动汽车用锂离子蓄电池充电的安全管理 …………………………… 112
  8.3.4 更换动力蓄电池的安全管理 …………………………………………… 113
 8.4 电动汽车充电站工作区的安全管理 …………………………………………… 115
  8.4.1 配电设备的安全管理 …………………………………………………… 115
  8.4.2 监控室的安全管理 ……………………………………………………… 117
  8.4.3 充电区的安全管理 ……………………………………………………… 117
  8.4.4 电池更换区、电池存换库的安全管理 ………………………………… 117
  8.4.5 电池维护工作间的安全管理 …………………………………………… 118
 8.5 电动汽车充电站的安防监控系统 ……………………………………………… 118
  8.5.1 充电站安防监控系统的组成 …………………………………………… 118
  8.5.2 充电站安防监控系统的主要性能指标要求 …………………………… 119
  8.5.3 充电站安防监控系统的作用及功能 …………………………………… 120
  8.5.4 充电站安防系统的异常现象及可能原因 ……………………………… 121
  8.5.5 红外对射报警装置报警后的处理 ……………………………………… 121
 8.6 电动汽车充电站的火灾报警系统 ……………………………………………… 121
  8.6.1 充电站火灾报警系统的组成及作用 …………………………………… 121
  8.6.2 充电站火警的处理 ……………………………………………………… 124
  8.6.3 充电站火灾报警器的故障与异常处理 ………………………………… 124

8.6.4 充电站火灾自动报警系统的施工 ………………………………………… 125

第9章 电动汽车充电站（桩）运营与管理 ……………………………… 127

9.1 电动汽车运行特点及充电设施商业模式 ……………………………………… 128
  9.1.1 电动汽车运行特点及运行模式 …………………………………………… 128
  9.1.2 电动汽车充电设施的商业模式 …………………………………………… 129
9.2 电动汽车充电设施建设模式 ……………………………………………………… 131
9.3 电动汽车充电站（桩）运营系统及运营管理 …………………………………… 133
  9.3.1 电动汽车充电站（桩）的运营 …………………………………………… 133
  9.3.2 电动汽车充电站（桩）的管理 …………………………………………… 135

第10章 电动汽车充电桩维护与故障处理 ……………………………… 139

10.1 电动汽车充电站（桩）操作及日常维护 …………………………………… 140
  10.1.1 电动汽车充电桩操作要点及操作注意事项 …………………………… 140
  10.1.2 电动汽车充电站（桩）日常维护 ……………………………………… 141
10.2 电动汽车充电站（桩）故障分类及维修 …………………………………… 144
  10.2.1 电动汽车充电桩故障率及故障分类 …………………………………… 144
  10.2.2 电动汽车充电桩维修流程 ……………………………………………… 147

参考文献 …………………………………………………………………… 151

第 1 章
电动汽车充电站的建设

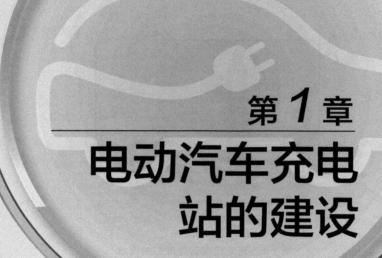

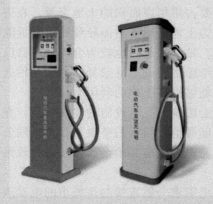

1.1 电动汽车充电站规划与选址

1.1.1 充电设施选址的影响因素

充电设施的选址布局是否合理,直接关系到用户的充电便利性及投资方的利益。充电设施的选址规划是一个十分复杂的问题,大部分为多目标优化问题,而且问题的搜索空间庞大。

充电设施的选址问题涉及多方面的影响因素(图1-1),如政府政策因素、不同的充电需求、区域经济发展、区域电网情况以及环境因素等。

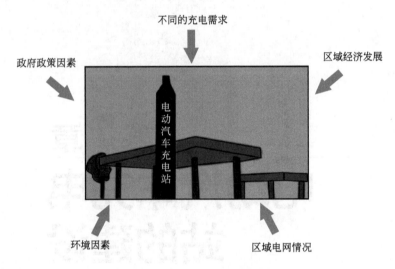

图1-1 充电设施选址的影响因素

(1)政府政策因素

充电设施选址的第一步应该是参考所在城市的政府发展规划,充电设施的建设不能影响或干涉政府的规划项目。充电设施地址的选择需要考虑是否会影响到城市公共场所的建设以及是否与城市绿化区域相冲突等。若没有充分了解当地政府的相关发展目标,不做好前期的准备工作,必然会给充电设施后续的建设带来许多潜在的麻烦。

此外,建设充电设施需要占用相应面积的土地资源,在进行建设前必须和当地政府做好沟通协调工作,避免发生因为土地使用不当而导致的强制拆除事件。目前已经建设的加油站都经过了一系列的科学规划,站址的选择也较为合理,而且已经被当地居民所熟知。在进行充电设施建设选址时,可以考虑将建设地址选择在加油站附近,甚至可以把充电设施与加气站、加油站进行整合,这样能够提高土地的利用率。

国家电网的相关政策也会影响到充电设施的建设情况,充电设施的顺利建设运营离不开国家电网的支持。当前基于能源消费结构的整改,很多电网公司和石油企业开始投资充电设施的建设。因此在规划建设充电设施前必须全面了解相关政策,从中获取一些契机。

(2)不同的充电需求

一个城市电动汽车的充电需求一般直接与该城市的电动汽车保有量相关。同时,汽车的日行驶里程、满电时的续驶里程等均会对充电需求产生影响。此外不同的汽车运行模式对充电时间的需求也会有所不同。比如在公交车运行模式下,可以把充电设施的站址选择建设在公交场站的停车位置,利用晚上用电低谷时间来给车辆充电;在出租车运行模式下,因为出租车白天大部分时间均在路上行驶,对充电的需求比较高,所以充电设施的位置应该尽量选择在出租车经常运行的范围内;对于大众用户,充电设施可选择建设在居民区的停车场、单位的办公区以及商厦的停车位等一些公共场所内。

电动汽车的充电模式主要分为三种:常规充电、快速充电以及更换电池充电。电动汽车在不同的运行模式下,对于充电时间的需求也不一样,这就需要在建设充电设施时,考虑满足不同充电时间需求的因素。若电动汽车对于充电时间有严格要求,就需要采用快速充电或更换电池的模式对其进行及时的电能补给,以确保电动汽车正常运行;若电动汽车对于充电时间没有严格的要求,则可以利用电动汽车在停放的时间段同时电网处在低谷的时候对其进行充电,确保电动汽车正常运行。同时,不同的充电方式所要求的充电电压及电流也是不同的。当不同的用户选择不同的充电方式时,会致使充电设施日充电量发生不断的变化,这也将直接导致周边电网负荷的不断变化。所以,电动汽车充电设施选址应该根据城市的电网分布情况和不同充电需求来进行规划。

(3) 区域经济发展

充电设施作为一个基础设施服务于大众,选址时需要贴近大众日常的生活轨迹。不合理的选址将会给未来的运营带来巨大的影响,不仅不可以使车主们得到便捷的充电服务,同时也损害了投资商的利益。站址的选择一般需要结合区域周围经济发展情况来确定。通常来说,越是繁华的区域,交通情况往往越好,主干线分布较多、车流量较大。而且繁华区域的人口密度较大,相对应的充电需求会比较大。因此在进行充电设施选址时,应该尽量将站址选择在发达的商业区。

① 人口数量。一般情况下,一个地区的人口数量越多,那么该地区相应的具有充电需求的用户数量常常就会越多。随着电动汽车后续的发展和政府的大力推广,未来拥有电动汽车的用户的充电需求会越来越多。只要人口分布密集及数量足够庞大,那么该地区的充电需求就会具有十分大的增长潜力。区域人口数量是该区域充电设施未来规划建设的重要衡量指标之一,也是充电设施选址的一项重要评估指标。

② 居民的购买能力。除了考量一个地区的人口数量以外,用户充电需求的增长潜力还与该地区居民的购买能力密切相关。一般来说,当地居民的购买能力越强,那么该地区未来的充电需求也就越大。目前,在我国平均每户家庭拥有的汽车数量正在逐渐增加,随着电动汽车的推广和人们环保意识以及生活水平的不断提高,电动汽车也会成为越来越多家庭的首要选择,未来的充电需求也会逐渐增大。所以,居民购买能力的强弱对电动汽车充电设施选址有着十分重要的影响。

同时,对于一些经济条件相对比较差的区域,可以兼顾与邻近发达区域的距离来考虑充电设施的选址。若两地之间的人员流动比较大,可以考虑把站址选择在靠近它们的交界处,这样在满足用户充电需求的同时,也可以进一步缓解繁华地带的交通拥堵状况。

(4) 区域电网情况

在运营过程中,电动汽车充电设施离不开电网的支持,电网需要对其输送很大功率的电能,所以充电设施会对区域内的电网产生很大影响。在规划充电设施选址时应充分考虑该区域输配电网的情况,这就需要和电力供应部门认真协商,把充电设施的建设纳入城市电网规划当中,这样才可以确保电动汽车充电设施电能供应的安全性和稳定性。此外,因为充电设施是一种非线性的电力负荷,在工作过程中会产生大量的谐波,从而严重影响电网的正常运行。充电设施在进行短暂而又快速的充电过程中,负荷的变化也十分不规律,这会对电网造成极大的电压冲击。

在进行充电设施选址时，应当结合不同区域的充电需求评估建站可能性的大小。此外，政府还应该提供相应的优惠政策，结合电动汽车的推广情况及城市的整体发展规划，合理地规划充电设施的布局和建设，避免出现"一窝蜂"的重复投资问题，降低不必要的投资浪费。

(5) 环境因素

在不同的充电场所、不同的环境条件下，电动汽车动力电池充电以及放电的能力都会有所不同。比如在不同的温度条件下，充电的能力就会产生很大差异：当动力电池处在常温环境下时，其接受电能的能力会比较强；而当动力电池处在低温条件下时，其接受电能的能力会比较弱，而对于充电设施来说则需提供更大的充电功率。所以，在对充电设施进行选址时还需要充分考虑充电设施所处的各种环境因素。

充电设施选址的规划建设还涉及更多方面的因素，比如对投资建设方来说，建站的规模及场地费用也是必须要考虑的因素；而对使用方来说，不同充电方法在不同时段的充电电价也是需要考虑的因素。只有明确相关因素的作用及重要性，才能使选址更加明确和合理。

1.1.2 充电设施选址的原则

电动汽车充电设施在进行选址工作之前，首先必须要明确充电设施选址时所应该遵循的一些主要原则，其中包括示范性原则、便利性原则、经济性原则、电网安全性原则、建设可行性原则。在这些主要原则的基础上进行选址才可以使其更加明确和合理，使充电设施能更好地发挥其功能并且使效率最大化。

(1) 示范性原则

在电动汽车充电设施建设中，应与电动汽车推广应用的不同阶段相适应。当前，电动汽车产业处发展初期，应把充电设施的示范效应作为重点因素加以考虑，其选址应重点考虑选择在人流密度比较大的商业或者住宅区域，推动社会公众对电动汽车及其能源供给方式的理解和认识。

(2) 便利性原则

首先，电动汽车充电设施选址应当考虑车道情况、车道数量、主次关系，这些因素直接关系到电动汽车进站的便捷性，进而影响充电设施的收益。车道多、主干线或次干线的道路重要性越高，通畅程度越好，该站点的交通便利性就会越高，从而可以使电动汽车充电设施的价值充分体现出来。一般来说，充电设施应设置在城乡次干道路旁，其进、出口应该和城乡次干道路相连。

其次，车流量的大小也影响着电动汽车进、出充电设施的便利性。车流量主要受车速、隔离带情况和转向限制等因素的影响。若道路上行驶车辆的平均车速太快，则会出现进站车辆影响其他道路上车辆正常行驶的情况。并且因为车速过快，对车主来说不方便其减速进站，甚至可能错过进站机会。此外，隔离带的存在在限制车速的同时，还会造成车流量减少，进而影响充电设施的服务率。此外，有的车道还限制转向，从而导致一些本打算充电的车主绕道而行，因此充电设施在选址时应该尽量避开有交叉路口的道路。

对于不同的使用人群，充电设施的选址也有所不同。比如：对于市中心的人群来说，可将充电设施设置在商场、娱乐中心、医院以及公园等人员流量大的地区；对于普通的上班人群，充电设施应当尽量设置在一些居民小区的停车场内，同时应当在一些商务区、办公区的停车场建立充电桩；对于投放在公共交通的电动公交车、出租车等交通工具，相对应的充电设施应该设置在道路交通条件比较好的公交站点、公交公司以及出租车公司的车辆专用停车区域等；对于电动工程车辆，若数量较多，则应设置专门的充电站分布于相关工程部门附近。

(3) 经济性原则

电动汽车充电设施的成功运行，需要投入大量的资金，所以电动汽车充电站必须要合理规划，尽量减少修建过程中的成本。

在建设电动汽车充电设施的过程中，早期需要购置场地及设备器材等。在选址时除了应该充分考虑区位优势外，还要考虑到所选区位的土地成本。要充分做好该地段未来效益的评估工作，并要结合前期投入资金进行可行性分析，谨慎做出选择。

在选址设点时也要控制好充电设施的建设数量及分布密度，防止前期盲目的成本投入，这里可借鉴加油站的设点模式。

① 对于公用充电站。高速公路上可每间隔百公里设置两个充电站于服务区内；城区中的充电站可按照服务半径 2~3km 来设点；城乡主干道充电站可按照每 20km 一对的密度来设点；对于一些车流量比较大的地点（如机场、码头以及热门景区等）可以加设充电站。

② 对于充电桩。主要考虑建设在停车位上，可根据调研当地电动汽车数量按照某一比例来配置。首批建设的充电桩数量不宜过多，以防止其闲置现象的发生。对于商场停车场、景区停车场以及医院停车场等车流量较大地区则应适当增大充电桩的建设比例；对于政府部门办公场所，应设置专门的公务车停车充电区域，充电桩按 1∶1 设置，同时需要另外考虑建设一些充电桩供社会车辆使用。

(4) 电网安全性原则

在进行电动汽车充电设施选址的过程中应该充分考虑到对电网安全性产生的负面影响。充电设施所在地区会由于充电设施的巨大用电需求而新增一个巨大的充电负荷，因此需要考虑当地电网是否能在这种环境下安全运行。此外，如果电动汽车得到普及应用，充电设施带来庞大的用电量也会给当地电网造成巨大的压力。用电量的增加可能直接造成原有输配电网的重新改造或需要新增输配电网甚至需要更新或增加变压器。针对特定的地区，为了满足巨大的充电负荷要求甚至需要建设新的电厂或对旧的机组进行升级改造。

大量的电动汽车集中在一个时间段内充电也会造成负荷的急剧增长。非工作时间段是家用电动汽车的充电高峰期，这个用电高峰形成的用电负荷峰谷不但对电网造成巨大压力，而且不利于电力的调度，降低整个电网的配电效率。此外，因为车辆充电场所的不确定性，从而造成系统的电网结构随时可能发生改变，进一步给系统的稳定性带来不可估量的潜在隐患。

所以，应对当地的用电需求进行大致评估，并且需要联系电网部门参与选址确定。既要避免充电设施过分扎堆布置，又要充分考虑当地电网的配电能力。同时充电设施应方便供电电源的取得，应尽量靠近供电电源端，以便于供电电源线的进出。

(5) 建设可行性原则

① 自然地理环境。充电设施应充分利用附近的交通、道路、给水排水以及消防等市政公共设施，应尽量避开排水不良的位置，不良的防洪条件增加了充电设施被淹没的风险。同时要考虑充电设施所在区域的地质情况，比如是否为地震多发区域，是否利于施工等，这些因素均会影响到施工成本及增加未来对充电设施进行维护时的费用。另外，还要尽量选择拆迁少的地理位置，这样就能够缩短建设工期，而且还能够避免不必要的土地征用费用。

② 社会环境。作为一项基础设施，充电设施的建设必须符合城市的建设规划要求，

否则不会得到政府的支持。充电设施的选址应该把安全放在首位,作为服务性的设施,其建设不应导致对环境的危害。电动汽车在充电过程中会产生很大的噪声,不能建设在影响周围居民正常生活的位置。同时和其他建筑物、构筑物之间应当按相关规定保持适当的防火间距。

1.2 充电站施工建设要求

充电站施工建设要求见表1-1。

表1-1 充电站施工建设要求

项目	要求	图例
高速公路服务区充电站	建设高速公路服务区充电站要考虑避免大车冲撞的危险,最好选在小车停车区域(大车不能进入),尽量不要建设在大车停车区域和紧挨高速路进入服务区匝道的区域	高速公路服务区充电站
城区站点	对于城区内的站点,考虑有利的外线接入和站点面积,按《国家电网公司高速公路服务区快速充电站建设典型设计》的要求,充电车位尺寸为 6m×2.8m,充电车位面积 16.8m^2,箱式变压器占地面积 35m^2,整流柜占地面积 32m^2,整站面积约 220m^2	高速公路服务区快速充电站建设典型设计
有利的外线接入	对于城区内的充电站,应充分考虑有利的外线接入,缩短建设周期	充电站实景

续表

项目	要求	图例
电气安全距离	(1)加油站与充电站的直线距离不小于25m (2)箱式变压器对墙和车棚的安全距离大于1.5m	充电站与加油站距离实景 箱式变压器
车棚高度	高速公路服务区充电站车棚高度3.6m,罩棚后部应能保护充电桩不受雨淋,罩棚前部应可以保护充电枪和车辆插座接口不受雨淋。城区站点车棚高度结合站点周围环境设置	充电站车棚高度实景

第 2 章
电动汽车充电站的施工

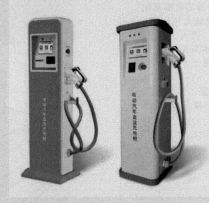

2.1 施工要点

施工要点见表2-1。

表2-1 施工要点

施工要点	施工内容	施工图例
基础麻面	(1)混凝土一次下料不可过厚,并且应振捣厚实 (2)模板应当做到无缝隙,防止水泥浆流失 (3)钢筋密度合理 (4)保持合适的坍落度(16～18cm) (5)下料高度大于3m时使用串筒或者溜槽 (6)模板拼缝处用双面胶条挤紧 (7)表面应和结构表面平齐光洁,不能出现突变	问题示例 施工标准
基础裂缝	(1)严格控制水灰比,使水泥用量减少,控制混凝土自身的收缩变化 (2)气温高并且浇筑大体积混凝土时应减小浇筑厚度,风大、干燥季节施工应当及时调整水灰比 (3)在大体积混凝土中埋设水管,通过利用冷水降温 (4)加强养护、保温工作,特别是浇筑表面系数较大的板、墙时应十分注意 (5)合理安排施工工序,正确掌握环节时间	问题示例 施工标准

续表

施工要点	施工内容	施工图例
基础槽钢的镀锌处理	(1)基础槽钢必须按设计图纸并采用镀锌槽钢施工 (2)槽钢焊接部分必须做防锈处理 (3)南方地区多雨多水,施工期间应特别注意天气变化 (4)合理安排施工工序,正确掌握环节时间	问题示例 施工标准
基础槽钢切角工艺	(1)基础槽钢必须按设计图纸并采用镀锌槽钢施工 (2)基础槽钢拐角必须做切角工艺 (3)槽钢切角部分必须做防锈处理 (4)南方地区多雨多水,施工期间应尤其注意天气变化 (5)合理安排施工工序,正确掌握环节时间	问题示例 施工标准
箱式变压器基础通风口高度	(1)箱式变压器基础通风口严格按照设计图纸施工 (2)最小离地距离不得小于25cm (3)箱式变压器基础两侧预留1000mm×300mm通风口 (4)用金属网将出风口封闭	问题示例

续表

施工要点	施工内容	施工图例
箱式变压器基础通风口高度		施工标准
电缆沟抹面	(1)检查墙面平整度和垂直度 (2)确定抹灰层的厚度 (3)墙的两端贴好灰饼并通过拉线进行中间冲筋,待冲筋达到一定强度后方可进行抹灰 (4)抹灰过程中应当经常检查和修正抹灰工具 (5)施工过程中,注意避免使用变形后的刮杠,防止影响墙面的平整度	施工标准
雨棚基础穿孔工艺	(1)雨棚因钢架结构受力,必须注意基础穿孔工艺 (2)基础钢板必须按设计图纸要求施工 (3)钢板与钢筋连接必须采用穿孔工艺 (4)必须切做45°穿孔焊接 (5)南方地区多雨多水,施工期间应尤其注意天气变化	施工标准
雨棚基础结构防锈处理	(1)金属表面防腐前先进行除锈 (2)用钢丝刷、铲刀、砂纸及砂轮网等除去金属表面的锈蚀、氧化皮以及附着不牢的旧漆膜等附着物 (3)除锈程序应按照自上而下的施工顺序进行操作 (4)涂除锈防腐保护漆 (5)南方地区多雨多水,施工期间应尤其注意天气变化	问题示例 施工标准

续表

施工要点	施工内容	施工图例
雨棚基础与充电桩基础距离	(1)必须按设计图纸要求施工 (2)充电桩基础应和雨棚基础保持半径80cm以上距离	施工标准
充电桩基础倒角工艺	(1)注意安装平整,拼缝整齐 (2)注意倒角线条的成品保护	问题示例 施工标准
充电桩基础模板	(1)混凝土一次下料,并振捣厚实 (2)模板应做到无缝隙,以避免水泥浆流失 (3)钢筋密度合理并且混凝土坍落度合适 (4)模板拼缝处以双面胶条挤紧 (5)表面结构平齐光洁 (6)接地结构必须外露	问题示例 施工标准

续表

施工要点	施工内容	施工图例
充电桩基础漆面	(1)用钢丝刷、铲刀、砂纸及砂轮网等去除基础表面的附着物 (2)注意上漆平整,拼缝整齐,至少上2遍漆 (3)注意倒角线条上漆 (4)注意充电桩底部上漆	问题示例 施工标准
电缆防火封堵	(1)电缆沟道进出箱式变压器、电缆夹层、整流柜、直流桩等处的电缆孔、洞都需要封堵 (2)采用合格的不燃或者阻燃材料封堵 (3)电缆管封堵严实 (4)采用封堵措施,避免电缆火势的延燃	问题示例 施工标准

续表

施工要点	施工内容	施工图例
箱式变压器接地焊接	(1)镀锌扁铁焊接应确保不变形 (2)扁铁搭接长度不应小于2倍扁铁宽度 (3)三面围焊,焊接质量应符合施工规范要求 (4)注意镀锌扁铁防锈	问题示例 施工标准
接线规范	(1)注意导线在接线端的连接中,一个端上连接多根导线以及连线螺栓处少弹簧垫片等情况,导致接点松动,尤其在箱、板的接地螺栓处更为明显 (2)注意多股导线不采用铜接头连接,若做成"单眼圈"状搪锡,会导致搪锡部位粗糙,质量差,导线绝缘层易受损伤 (3)注意单股导线的连接,若采用搪锡的部位质量差,接处易松动,宜采用镀锌铜接头压接	问题示例 施工标准
电缆标识	(1)电缆管应封堵严实 (2)进出电缆标识应当正确、清晰	问题示例 施工标准

续表

施工要点	施工内容	施工图例
电缆铺设	(1)电力电缆应严格按设计图纸进行铺设 (2)电缆铺设要符合电力电缆铺设的基本要求,电缆应排列整齐,加以固定 (3)电缆沟应当尽量保持干燥	问题示例 施工标准
限位器与基础距离	(1)限位器应采用钢管结构,底座用螺栓固定 (2)限位器尽量采用镀锌钢管,表面增加反光条,若条件不允许,可以采用塑料限位器 (3)限位器和充电桩的距离应保持在1m左右	施工标准1 施工标准2
车位标识、防撞栏杆、警示灯	(1)在多车区域应设计防撞栏杆或者是防撞墩子,贴设反光条 (2)充电车位需要有提示,以防其他车辆占位 (3)南方天气多变,一旦遇到恶劣的情况,需要设置提示装置作为警示	施工标准

续表

施工要点	施工内容	施工图例
围栏锁具防锈蚀	(1)户外充电站常处在日晒雨淋等恶劣的环境,易锈蚀,应加强注意 (2)门的朝向建议安装在通风及一些不易锈蚀的环境地点	问题示例 施工标准
工作井的预留	(1)整流柜基础应当预留工作井 (2)监控柜基础应当预留工作井 (3)整流柜与监控柜做基础时,应多做出一个柜子宽度的基础,作为预留工作井	施工标准
箱式变压器基础和整流柜基础、围栏位置	(1)箱式变压器基础与整流柜基础间的距离应当保持在1.5m之间 (2)箱式变压器基础与围栏之间的距离应保持在1.5m左右 (3)整流柜基础与围栏之间的距离应保持在1.5cm左右	施工标准1 施工标准2

2.2 施工过程中的常见问题

(1) 充电桩施工方案

① 开工之前,要做好测量工作,建立临时水准(BM)点,做好保护桩,测量及放样贯穿施工的全过程,必须仔细精确,做好复测工作。测量及放样通过专人负责校对,原始资料应妥善保管。

② 因为工程地下管线复杂,排管的埋置深度可以根据现场情况适当调整,但最少复土层应大于500mm。

③ 电缆分支和垂直转弯处的工作井应按尽量增大电缆半径的原则进行现场放样,并可调整排管及工井接口位置,使转弯内侧排管孔获得较大半径。

④ 在施工放样过程中,若发现标高冲突或地下障碍物,应立即向建设单位或者监理单位汇报,及时商讨措施,在未得到答复之前,不得随意更改。

(2) 施工过程中需注意安全事项

① 如果在充电过程中,电动汽车或充电桩发生明火、异常气味或者冒烟等突发情况,应立即按下(某些型号的充电桩为旋转操作)充电桩上的红色"急停开关"。

② 如果发生电动汽车无法启动充电的情况,应检查电动汽车是否是国标充电插口并检查电动汽车是否提示故障,若有故障应咨询电动汽车经销商,如果无问题应重新拔插充电枪再次尝试启动充电。

③ 如果充电磁卡未完成结算即离开,充电桩会在下次读取此磁卡时,先按照上次未结算金额进行结算,结算完毕之后才可继续使用此磁卡进行正常充电操作。为防止经济损失,充电结束后请务必刷卡结算。

第 3 章
电动汽车充电站的构成与功能

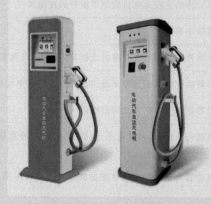

3.1 电动汽车充电站的主要名词及术语

电动汽车充电站的主要名词及术语见表 3-1。

表 3-1 电动汽车充电站的主要名词及术语

名词及术语	解　释
充电站	由 3 台以上电动汽车非车载充电机和(或)交流充电桩组成(至少有一台非车载充电机),可以为电动汽车充电,并能在充电过程中对充电机、动力蓄电池进行状态监控的场所
充电系统	由充电站内的所有充电机、充电电缆及相关附件组成,实现电动汽车及蓄电池安全充电的系统
供电系统	为充电站的运行提供电源的电力设备及配电线路的总称
监控系统	是充电监控系统、供电监控系统和安全监控系统的总称
充电设备	指交流充电桩、充电机、电池更换设备等
非车载充电机	指采用传导方式将电网交流电能变换为直流电能,为电动汽车充电,提供人机操作界面及直流接口,并具备相应测控保护功能的专用装置。非车载充电机主要由交直流变换和直流输出控制两部分组成,分为一体式和分体式两种
电池更换设备	指采用电池更换方式为电动汽车提供电能的设备总称,包括电池模块、充电架和电池模块装卸工具
交流充电桩	又称交流供电装置,指固定在地面,采用传导方式为具有车载充电机的电动汽车提供交流电能,提供人机操作界面及交流充电接口,并具备相应测控保护功能的专用装置,其功率一般不大于 5kW
充电	蓄电池从充电设备中获得电能的过程叫作充电。充电容量(对蓄电池所充入的电量)以"A·h"计算
恒流充电	蓄电池的充电电流在充电电压范围内维持在恒定值的充电
恒流限压充电	先以恒流方式进行充电,当蓄电池组电压上升到限压值时,充电装置自动转换为恒压充电,直至充电完毕
独立充电机	单台独立运行的充电机
主控充电机	控制与其并联工作的其他充电机协同运行的充电机
从属充电机	在与其并联工作的主控充电机控制下运行的充电机
单体蓄电池	构成电池的最小单元
单箱蓄电池	由若干个单体蓄电池串联或并联组成的蓄电池组,内含蓄电池管理单元、通风散热部件
整箱蓄电池	由若干单箱蓄电池构成的为整车提供动力电源的蓄电池组,包含蓄电池管理系统
绝缘电阻	电池端子与蓄电池箱或车体之间的电阻
电池管理单元	对单箱蓄电池完成检测,包括电压、温度,同时可以将数据通信传输到其他设备,并可对通风散热部件进行控制
电池管理系统	由若干个电池管理单元和电池管理主机形成的监视电池的状态或者向其他控制装置传送信息的装置
温度特性	表示电池、充电机性能因温度变化而变化的性能

续表

名词及术语	解释
荷电状态(SOC)	在电池全充电的状态下,放电后剩余容量与全荷电容量之比
充电设备同时系数	充电机在最大负荷时运行的设备容量和全部容量之比
主机	处于充电站监控网络核心,包括但不限于个人计算机(PC)
从机	处于充电站监控网络中,特指为电动汽车提供充电服务的充电机
功率因数	有功功率与视在功率之比

3.2 电动汽车充电站的构成

(1) 充电站的总体结构

如图3-1和表3-2所示为一个完整的充电站的总体结构及其组成部分。充电站包括供电系统、充电系统、监控系统及相应的配套设施。

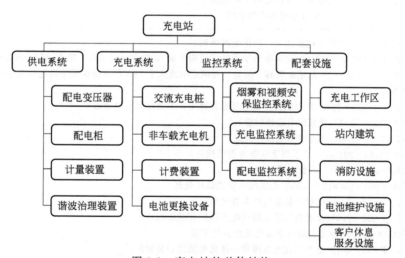

图3-1 充电站的总体结构

表3-2 充电站的总体结构

组成部分	内容及作用
供电系统	供电系统的配置要求:主要包括配电变压器、高/低压配电装置、计量装置和谐波治理装置;电力级别确定为2级,即采用双路供电,不配置后备电源。该系统符合常规配电装置,其输出为0.4kV、50Hz
充电系统	充电系统的配置要求:满足多种形式的充电需求,提供安全、快捷的能量补给服务,主要包括交流充电桩、充电机、计费装置、电池更换设备
监控系统	监控系统是充电站安全高效运行的保证,它实现对整个充电站的监控、调度和管理,主要包括配电监控系统、充电监控系统、烟雾和视频安保监视系统
配套设施	配套设施主要包括充电工作区、站内建筑、消防设施及电池维护、客户休息服务设施

(2) 充电站建设方式

大、中型充电站建设采用配电变压器,两路电源供电;小型充电站采用单路低压电源供电,不设配电变压器。充电设备电气接口、通信规约以及电气连接件符合相关技术标准要求,设计规范一致。

3.3 电动汽车充电站的系统配置

(1) 电动汽车充电站建设方案应遵循的标准规范

① 国家标准。电动汽车充电站建设方案应遵循的国家标准见表3-3。

表3-3 电动汽车充电站建设方案应遵循的国家标准

种类	具体标准
电动汽车技术标准	GB/T 18487.1—2015《电动汽车传导充电系统 第1部分:通用要求》 GB/T 18487.2—2017《电动汽车传导充电系统 第2部分:非车载传导供电设备电磁兼容要求》 GB/T 18487.3—2001《电动车辆传导充电系统 电动车辆与交流/直流充电机(站)》 GB/T 19596—2017《电动汽车术语》 GB/T 20234.1—2015《电动汽车传导充电用连接装置 第1部分:通用要求》 GB 50156—2012《汽车加油加气站设计与施工规范(2014年版)》 QC/T 743—2006《电动汽车用锂离子蓄电池》 YD/T 1436—2014《室外型通信电源系统》
电气技术标准	GB/T 14549—1993《电能质量 公用电网谐波》 GB/T 17215.211—2006《交流电测量设备 通用要求、试验和试验条件 第11部分:测量设备》 GB/Z 17625.6—2003《电磁兼容 限值 对额定电流大于16A的设备在低压供电系统中产生的谐波电流的限制》 GB/T 19826—2014《电力工程直流电源设备通用技术条件及安全要求》 GB 50034—2013《建筑照明设计标准》 GB 50052—2009《供配电系统设计规范》 GB 50053—2013《20kV及以下变电所设计规范》 GB 50054—2011《低压配电设计规范》 GB 50060—2008《3~110kV高压配电装置设计规范》 DL/T 448—2016《电能计量装置技术管理规程》 DL/T 620—1997《交流电气装置的过电压保护和绝缘配合》 GB 50065—2011《交流电气装置的接地设计规范》 DL/T 856—2018《电力用直流电源和一体化电源监控装置》
土建技术规范	GB 50003—2011《砌体结构设计规范》 GB 50007—2011《建筑地基基础设计规范》 GB 50009—2012《建筑结构荷载规范》 GB 50010—2010《混凝土结构设计规范(2015版)》 GB 50011—2010《建筑抗震设计规范(附条文说明)(2016年版)》 GB 50016—2014《建筑设计防火规范(2018版)》 GB 50037—2013《建筑地面设计规范》 GB 50140—2005《建筑灭火器配置设计规范》 GB 50345—2012《屋面工程技术规范》

② 行业标准。

《电动汽车用铅酸蓄电池》(QC/T 742—2006)。

《电动汽车非车载充电机技术条件》(NB/T 33001—2018)。

《电动汽车交流充电桩技术条件》(NB/T 33002—2018)。

《电动汽车非车载充电机监控单元与电池管理系统通信协议》(NB/T 33003—2010)。

(2) 电动汽车充电站的建设类型

电动汽车充电站按其充电方式可分为两种：整车充电方式与电池更换方式。

电动汽车充电站有立体充电站和平面充电站。立体充电站是在土地资源紧张、土地价格较高的繁华地段建设的，而平面充电站则是按照满足各类电动汽车的充电需求、土地资源以及地域环境而建设的。充电站的站址通常选择在变电站、公共停车场等公共区域或公交以及邮政等集团车队的专用停车区域。

交流充电桩需和充电站相结合。交流充电桩通常选择在营业场所停车场、公共建筑（商场、写字楼）和住宅小区等公共停车场或者充电站内安装。

电池更换站的建设应与当地推广应用车型及需求相结合，有的放矢地选择符合当地实际情况的电池更换站，减少电动汽车电能补给时间，满足应急需求和长途旅行需要。

(3) 电动汽车充电站分类及配置

① 电动汽车充电站分类。电动汽车充电设施建设分为交流充电桩和充电站（含电池更换站）两大类。根据功能、容量及充电设备的数量，电动汽车充电站的建设规模分为三类，见表3-4。

表3-4 电动汽车充电站分类

种类	特点
大型充电站	配电容量不小于500kV·A，且充电设备的数量不少于10台，具备为大型电动公交和环卫等社会车辆、工程和商务等单位车辆、出租和个人等微型车辆充电的能力
中型充电站	配电容量不小于100kV·A，且充电设备的数量不少于3台，具备为工程和商务等单位车辆、出租和个人等微型车辆充电的能力
小型充电站	配电容量小于100kV·A，且充电设备的数量不少于3台，具备为出租和个人等微型车辆充电的能力

② 电动汽车充电站功能配置。

a. 交流充电桩供电电源原则上借助停车场配电设施，采用单相供电。当停车场配电设施无法满足容量要求时，可进行增容改造。

b. 大、中型充电站或者具有重要示范意义的充电站的供电电源，原则上应当采用两路电源，保证充电站的供电可靠性。

c. 充电设备的选型应符合国家电动汽车电源供给相关标准和智能电网有关技术规范的要求。积极推动电动汽车各相关方在电动汽车充电设备电气接口、通信规约以及电气连接件等方面达成一致。

d. 大、中型充电站应当具备现场安保监控、充电设备运行监控等功能。

e. 大型充电站在满足充电服务的同时，可以设置客户休息室，中型充电站可结合实际情况建设。

f. 充电站建设应具备一定的扩展能力，应具备升级改造为充放电站的条件。

大、中、小型充电站一般按表3-5所列选择功能配置。

表3-5 充电站功能配置

序号	功能单元	大型充电站	中型充电站	小型充电站	备注
1	配电变压器	●	○	×	
2	高压配电装置	●	○	×	
3	低压配电装置	●	●	●	

续表

序号	功能单元	大型充电站	中型充电站	小型充电站	备注
4	计量装置	●	●	●	提供分路计量及关口计量
5	谐波治理装置	○	○	○	依据充电设备谐波情况,综合选择配置
6	充电设备	●	●	●	
7	计费装置	○	○	○	对社会车辆服务的充电站,依据计量情况进行计费
8	电池更换设备	○	○	○	
9	配电监控系统	●	○		
10	充电监控系统	●	●	●	
11	安保监控系统	●	●	●	烟雾报警监视、视频监视
12	充电工作区	●	●	●	充电车位及相关附属设施
13	站内建筑	●	●	○	
14	消防设施	●	●	●	
15	其他服务设施	○	○	○	

注：●表示必备；○表示可选；×表示不需要。

(4) 电动汽车充电站的充电设备配置原则

① 充电设备的选配原则。

a.电动汽车充电站充电设备的选配应因地制宜,结合当地电动汽车应用实际及发展趋势进行选择。

b.充电设备的选配应符合相关国家（行业）标准及企业标准。

c.电池换电站的设备选配,应对电池模块、充电架、电池模块装卸工具和充电机等设备统一选择。

② 充电系统电气连接要求。

a.充电机充电接口的功能要求和技术要求应符合国家相关的规定。

b.充电接口在结构上避免手轻易触及带电部分。

c.可移动的充电接口在不充电时应放置在人无法轻易触及的位置,并采取防水、防尘措施。

d.充电机的输入电源在屋檐防雨外或者室外时：安装高度应在距地面0.4m以上的位置；应安装在合适的防雨箱内（防护等级IPX3及以上）或采取其他防雨措施。

③ 充电机的安装布置要求。

a.为保护充电设备,充电站应安装合适的防雨、雪的顶棚。

b.充电机安装在室内时,为避免温度过高,应装设通风设备。

c.充电机应安装在距地面一定高度的地方,符合防雨、防积水的要求。

d.充电机的布置应方便充电。

e.充电机布置时应尽量缩短充电电缆的长度,使电缆电阻能耗降低。

f.充电机供电电缆应置于至少能抵抗车轮碾压的结构中,或敷设在电缆沟内。

g. 在多车同时充电时，各充电机和车辆应不影响其他充电机、车辆充电。

h. 充电机的布置应符合防火、安全方面的要求。

④ 充电桩的布置要求见表3-6。

表3-6 充电桩的布置要求

项目	内容
充电桩的建设方式	交流充电桩建设借助停车场原有的配电设施，采用单相电源供电。充电桩电气接口、通信规约以及电气连接件符合相关技术标准要求，设计规范一致
充电桩功能的配置	充电桩包括人机操作界面及交流充电接口，具备相应的测量、计量、控制以及保护功能，能为具有车载充电机的电动汽车提供交流电能

3.4 电动汽车充电站的系统功能及充电模式

(1) 电动汽车充电站的系统功能

电动汽车充电站的系统功能见表3-7。

表3-7 电动汽车充电站的系统功能

项目	功能
电动汽车充电站的主要功能	电动汽车充电站的主要功能包括充电、监控以及计量；扩展功能包括电池更换、电池检测以及电池维护 (1)电动汽车充电站应当具有为电动汽车动力电池充电的功能 (2)电动汽车充电站应完成对整个充电站的监控，包括供电系统运行监控、充电机系统运行监控、充电站安全监控等 (3)电动汽车充电站应具有对充电站输入电能、充电机输出电能进行计量的功能 (4)电动汽车充电站包括行车道、充电机、停车位、监控室和充电站供电设施。充电站的布置和设计应便于车辆的进入、驶出和停放 (5)对于采用电池更换模式的充电站，应具备电池更换、电池储存的设备及场所
电动汽车充电站供电系统的功能	供电系统为电动汽车充电站的动力设备、监控系统以及办公场所等提供交流电源。供电系统不仅提供充电所需的电能，也是整个充电站正常运行的基础
电动汽车充电站充电系统的功能	充电系统是整个充电站的核心部分，为电动汽车的动力电池补充充电提供符合技术要求的电源

(2) 电动汽车电能补给方式选择

电动汽车充电站充电系统根据电能补给方式的不同，可分为地面充电与整车充电两种充电系统。

不同的电能补给方式各有其特点和适用范围，在实际应用中，需要根据车辆的种类、数量以及运行特点，电池的性能和数量，系统运行及管理成本等众多因素进行选择，可以将多种电能补给方式有机结合，实现电动汽车的最优运营。根据上述分析，适合不同电动汽车电能补给方式的充电系统归纳如下。

① 对于电动公交车、特殊园区用车而言，建设以电池更换为主、整车为辅的充电系统。

② 对于电动出租车而言，它需求的续驶里程长，车型比较统一，品种也不多，快速更换电池的方法比较实用，但要建立一个换电网络。

③ 对于邮政车、环卫车、集团工程车、公务车以及商务电动汽车而言，在单位停车场

建设整车充电系统,利用低谷电充电。

④ 对于个人电动汽车而言,在机场、超市、商厦及路边建设交流充电桩,利用车载充电机为车辆充电,也可以在小区内设立的充电站利用低谷电充电。利用低谷电充电,对电网来说相当于蓄能,对车主来说减少了充电费用。

图 3-2 所示为电动汽车电能补给方式。

(a) 集团停车场或区域集中充电站

(b) 某路边停车位充电站

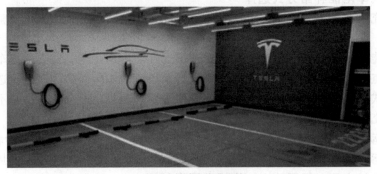

(c) 某写字楼停车场充电站

图 3-2　电动汽车电能补给方式

(3) 电动汽车充电模式

① 交流充电模式。交流充电用于对具有车载充电机的小型电动乘用车辆进行充电。按照车载充电机功率的不同，一般充电时间为 3～5h，甚至长达 8～9h。

交流充电通常采用交流充电桩进行，充电电流相对较小，输出功率一般不大于 5kW。交流充电桩通常建在停车场、住宅小区等场所，可充分利用晚间或者停车时间进行充电。

a. 优点。充电桩成本较低，安装较简单；可充分利用负荷低谷时段进行充电，充电成本相对较低。

b. 缺点。充电时间较长，很难满足车辆紧急充电需求。

② 直流充电模式。对无车载充电机的电动汽车充电采用直流充电模式。依据电动汽车动力电池性能的不同，标称容量通常在 0.2～1C，少数动力电池的标称容量可达到 3C。依据电动汽车蓄电池剩余容量与充电电流大小的不同，一般充电时间在 20min～1h。

直流充电主要是在充电站进行，需要专门的直流充电机，采用较大电流进行充电。目前进行直流充电的电动汽车通常是大型公共汽车，所用动力电池的容量比较大，通常为 200～500A·h。

a. 优点。充电时间短，能够满足目前电动汽车的紧急充电需求，现阶段对推动电动汽车的发展有积极意义。

b. 缺点。充电电流较大，充电时会对配电网产生一定的冲击；充电设施成本比较高，安装较复杂；大电流充电对电池寿命有影响；对充电的可靠性及安全性要求较高。

③ 换电模式。换电是采用更换电池组的方法来达到为电动汽车补充电能的目的。这种模式实现了电动汽车快速补充电能，一般只需要 10min 左右。

换电目前主要在换电站进行，需要配备必要的电池更换设施（如换电机器人等）。

a. 优点。解决了充电时间长、续驶里程短等难题，更换电池组时间很短；通过电池组的集中管理，可以对电池组进行性能匹配及梯次利用，有利于提高电池组的寿命。

b. 缺点。电池组的设计需要标准化，同时对换电站的布局、电池的流通管理等均提出了较高要求。

上述三种充电模式各有其特点和适用范围，应用中可将这些模式有机组合，以满足实际要求。

3.5 电动汽车充电站的典型建设方案

电动汽车充电设施是为电动汽车提供电能补给的设施，是发展电动汽车的重要基础。电动汽车充电设施可分为交流充电桩、充电站以及换电站三类。

3.5.1 交流充电桩的典型建设方案

交流充电桩可安装在电动汽车充电站、公共停车场、住宅小区停车场、大型商场停车场等室内或者室外场所，是重要的电动汽车充电设施。电动汽车交流充电桩如图 3-3 所示。

(1) 交流充电桩的特点

交流充电桩具有系统简单、占地面积小、安装方便以及操作使用简便的特点。

(2) 交流充电桩的技术指标

① 满足国家相关规定中对交流充电桩技术指标的要求。

② 提供 AC 220V/5kW 的交流供电能力。

③ 在室外应用时，防护等级是 IP54，并设置必要的遮雨设施。

(a) 交流充电桩街景图

(b) 交流充电桩效果图

图 3-3　电动汽车交流充电桩

(3) 交流充电桩的功能规范

① 具有漏电、短路、过电压、欠电压以及过电流等保护功能，保证充电桩安全可靠运行。

② 具备交流充电计量功能。

③ 具备显示、操作等必需的人机接口。

④ 设置刷卡接口，支持 RFID 卡、IC 卡等常见的刷卡方式，并可以配置打印机，提供票据打印功能。

⑤ 具备充电接口的连接状态判断、联锁以及控制导引等完善的安全保护控制逻辑。

(4) 交流充电桩的功能选型

交流充电桩在满足技术指标和功能规范的同时，可选的功能型式见表 3-8。

表 3-8　交流充电桩可选的功能形式

形式	按键方式	显示方式	结构形式	打印接口	背光照明	远程控制
简易式	防水按键	数码荧光管	钣金结构	无	无	无
标准式	触摸屏	液晶屏	钣金＋注塑结构	有	有	有

(5) 交流充电桩的网络结构

交流充电桩的网络结构如图 3-4 所示。

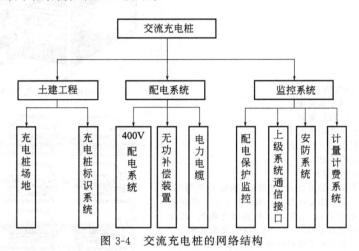

图 3-4　交流充电桩的网络结构

3.5.2 立体充电站和平面充电站的典型建设方案

(1) 立体充电站的典型建设方案

立体充电站通常建在人口密集的居民区、商业区或立体停车库，它占地面积小、空间利用率高，通常配备一定数量的直流充电机或交流充电桩。

立体充电站根据其建设形式可以分为自行式立体充电站、升降横移式立体充电站和垂直升降式立体充电站（表 3-9）。

表 3-9　立体充电站的典型设计方案

建设形式	特点、结构布置及其他	图示
自行式立体充电站	结构特点 (1) 自行式立体充电站与普通地面停车场类似，车辆通过专用车道上下楼层，自行停放 (2) 在每个停车位相应位置设置交流充电接口 (3) 可在部分指定车位配置少量直流充电接口 (4) 配电系统、监控系统及安防系统的选择可参考平面充电站的设计方案	自行式立体充电站的结构形式

续表

建设形式	特点、结构布置及其他	图示
升降横移式立体充电站	(1)结构特点 ①排列方式简单 ②空间利用率高 ③车位移动范围小 ④利用软导线连接 ⑤应用广泛 (2)结构布置 ①采用5层配置,可停放11辆电动乘用车,作为1个立体充电单元。最下层1个车位安装直流充电接口,配置35kW直流充电机,其余10个停车位安装AC 220V/5kW交流电源 ②一套立体充电站可根据情况由多个立体充电单元构成 ③停车位的布置 a.每个停车位后设置一个充电接口 b.充电接口和交流控制柜(或整流柜)间采用软导线连接 c.如果停车库布置在室外,充电接口需按IP56防护等级进行设计 (3)升降横移式立体充电站的入库充电操作流程如右图所示 (4)升降横移式立体充电站的出库操作流程如右图所示 (5)升降横移式立体充电站的监控系统技术要求如下 ①监控后台应与立体停车控制系统联动控制,采集车辆进出、停放位置等运行情况,为充电设备的工作提供联动控制信号 ②监控系统除采集配电系统的信号量和测量量外,还需采集各个停车位的充电电量信息作为收费依据	 升降横移式立体充电站的结构形式 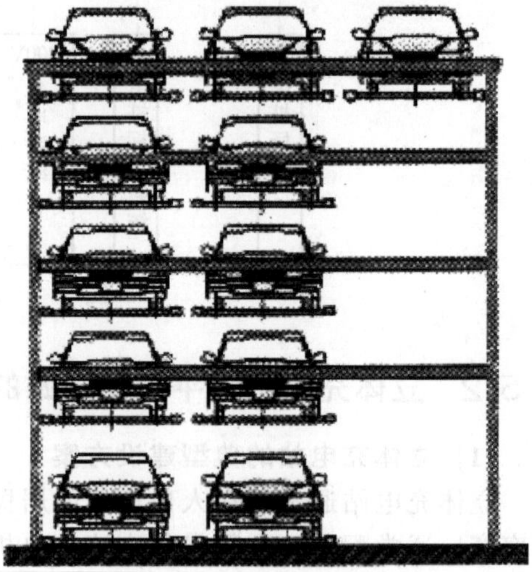 升降横移式立体充电站的结构布置 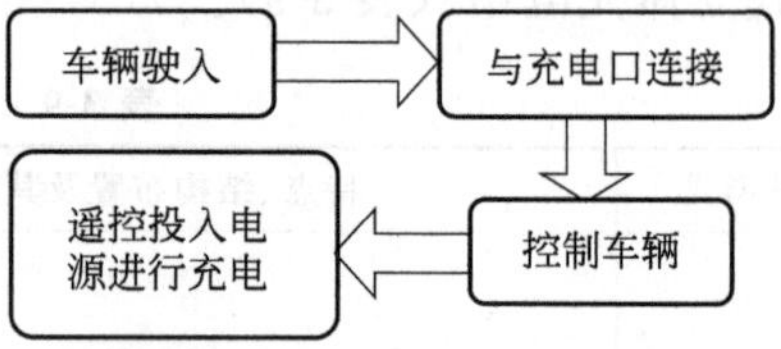 升降横移式立体充电站的入库充电操作流程 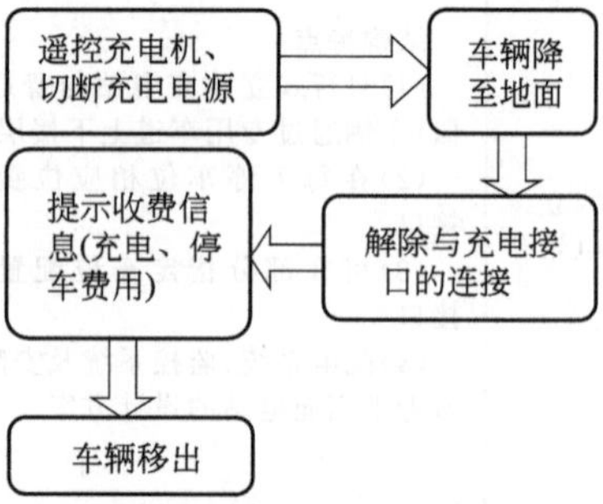 升降横移式立体充电站的出库操作流程

续表

建设形式	特点、结构布置及其他	图示
垂直升降式立体充电站	(1)垂直升降式立体充电站的结构特点如下 ①在电动汽车立体充电站和平面充电站的结构布置中,垂直升降式立体充电站的占地面积最小、空间利用率最高 ②在提升机的两侧布置车位,中间为载车升降井道,通过载车台和横移装置,将入库的汽车送入停车架或将已存于各车位的汽车取回地面 ③一般地面需一个汽车旋转台,可省去车辆调头操作 (2)垂直升降式立体充电站的结构形式如右图所示 (3)垂直升降式立体充电站的停车位布置。在停车盘上设置具有集电器的充电接口,集电器固定在停车盘上,同时在每个停车位的后方位置设置滑触线,滑触线由交流控制柜供电。这样当车辆经过驶入、旋转、提升、就位几个过程后,集电器自动和滑触线连接,完成充电电源的接入 (4)垂直升降式立体充电站的车辆充电操作流程如右图所示 (5)垂直升降式立体充电站的取车流程与停车流程相反	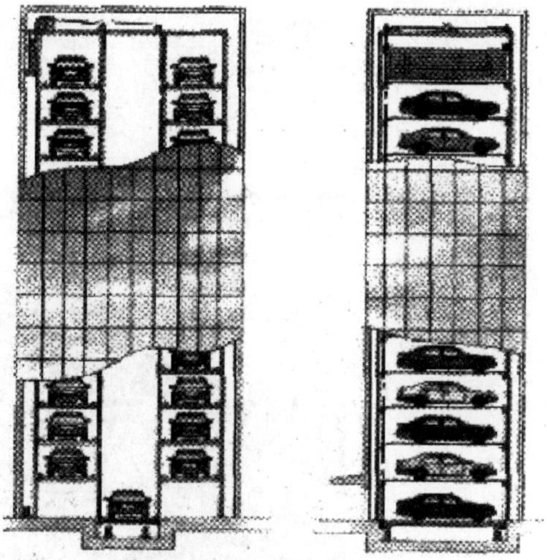 垂直升降式立体充电站的结构形式 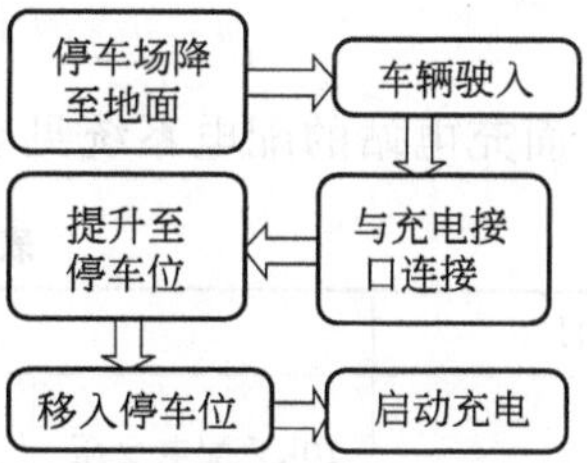 垂直升降式立体充电站的车辆充电操作流程

(2) 电动汽车平面充电站的典型建设方案

① 电动汽车平面充电站的建设规模与设备选择见表3-10。

表3-10 电动汽车平面充电站的建设规模与设备选择

规模	大型	中型	小型
占地/m²	1700~2000	1000	50~100
充电机	2台大型:DC 500V/400A 4台中型:DC 500V/200A 2台小型:DC 350V/100A 4台交流充电机	2台中型:DC 500V/200A 2台小型:DC 350IUIOOA 4台交流充电机	1~2台小型:DC 350V/100A 2~3台交流充电机
配电系统	10kV 双路常供,单母线接线 配电变压器:干式非晶合金变压器 0.4kV 侧:单母线分段接线,两段母线之间设分段联络柜	10kV 单路常供,单母线接线 配电变压器:干式非晶合金变压器 0.4kV 侧:双路进线(一主一备),单母线接线方式	0.4kV 供电
其他	有源滤波无功补偿设备 计量计费系统 充电站监控系统:配电监控、充电机监控和安防监控系统	有源滤波无功补偿设备 计量计费系统 充电站监控系统:充电机监控和安防监控系统	计量计费系统 选配充电站监控系统和安防监控系统

平面充电站一般建在土地资源相对宽裕的地点,占地面积相对较大,通常配备多台直流

充电机及交流充电桩,可同时为多辆电动汽车提供充电服务。如图 3-5 所示为电动汽车平面充电站。

图 3-5　电动汽车平面充电站

② 平面充电站的配电系统见表 3-11。

表 3-11　平面充电站的配电系统

项目		内容
10kV 配电系统主要设备选型	10kV 配电变压器类型的选择	10kV 配电变压器宜选用干式非晶合金变压器,与《干式电力变压器技术参数和要求》(GB/T 10228—2015)相比,其空载损耗仅是规定值的 25%~30%,负载损耗仅是规定值的 85%
	10kV 高压开关柜的选择	10kV 高压开关柜采用中置式开关柜,内配真空断路器。如需降低造价成本,配电容量小于 400kV·A 时可考虑选用负荷开关
0.4kV 系统接线与设备选择	大型充电站	采用单母线分段接线,设进线柜、有源滤波无功补偿柜和出线柜。两段母线之间设分段联络柜
	中型充电站	采用双路进线(一主一备),单母线接线,设进线柜(带计量)、有源滤波无功补偿柜、出线柜和备用电源进线柜(带计量)
有源滤波及无功补偿系统		按照谐波补偿率大于 85%、补偿范围 2~25 次谐波的设计目标,对大、中型充电站的补偿容量配置见表 3-12

表 3-12　常规大、中型充电站的补偿容量配置

规模	补偿容量/kV·A	补偿容量配置
大型充电站	187.23	配置 2 台 120kV·A APF 装置
中型充电站	60.59	配置 1 台 80kV·A APF 装置

③ 平面充电站的充电系统。

a. 整车充电方式。

ⓐ 充电机选择类型。充电站的充电机根据其工作原理和整流方式的不同,可以分为相控整流模式与高频开关整流模式。

ⓑ 充电机选型方法：确定最高充电电压；确定最大充电电流；根据最高充电电压和最大充电电流选择充电机；充电机的通信协议符合《电动汽车非车载充电机监控单元与电池管理系统通信协议》（NB/T 33003—2010）的要求。

ⓒ 单台充电机的选型。单台充电机的选型参数配置见表3-13。

表3-13 单台充电机的选型参数配置

序号	设备型号	主要性能参数	适用条件
1	大型充电机	输出电压 DC 300~500V 最大输出电流 400A	电池数量 70~120 个 电池容量不大于 2000A·h
2	中型充电机	输出电压 DC 300~500V 最大输出电流 200A	电池数量 70~120 个 电池容量不大于 1000A·h
3	小型充电机	输出电压 DC 150~350V 最大输出电流 100A	电池数量 36~80 个 电池容量不大于 500A·h
4	交流充电机	输出电压 AC 220V	用于具有车载充电机的电动汽车， 最大输出功率 5kW

ⓓ 多台充电机并联工作方式的选择。在电动汽车的充电使用过程中，若单台充电机不能满足电动汽车对充电时间/充电电流的要求，可以采用多台同型号的充电机并联工作，以扩展充电机容量，增大充电机的输出电流。

充电机并联工作后的参数如下。

ⅰ. 充电机并联工作后的输出电压与单台充电机的输出电压范围相同。

ⅱ. 充电机并联工作后的输出电流为单台充电机的输出电流的累加。

ⅲ. 充电机并联工作后的占地面积为单台充电机占地面积的累加。

b. 换电池方式。换电站通常建在土地资源比较宽裕的地点，占地面积很大，需要专用的库房来存放电池组，同时配备必要的电池更换设施。换电站一般还配备直流充电机或交流充电桩，以便对更换下来的电池组进行集中充电。如图3-6所示为电动汽车换电站。

ⓐ 对电动汽车采用换电池的工作方式，符合电动汽车电池的快速更换需求，以降低电动汽车的运营成本，增加运营效益。

ⓑ 换电池的场所。在充电站内设置电池充电间，配置电池充电架及充电机，并配置电池更换设备（如叉车或换电池机器人），实现换电池方式运行。

ⓒ 换电池设备的选择。

ⅰ. 需配备常规充电机、电池箱、充电架以及电池更换设备等。

ⅱ. 电池箱应根据电动汽车的不同需求进行模块化配置，电池箱内配置电池监控单元和标准充电接口。电池箱的尺寸、箱内电池数量以及电池容量等随电动汽车的不同而不同。

ⅲ. 充电架内设置电池箱抽屉，通过充电端子和电池箱连接；充电架设置工作、试验以及分离三个明显的工作位置；充电架装设BMS模块；设置散热风道。

ⅳ. 电池更换设备可选择叉车或换电池机器人等进行操作。

④ 平面充电站的监控系统。

a. 平面充电站的监控系统的构成。平面充电站的监控系统包括充电设施监控后台、充电机控制系统、配电系统、通信管理机、计量系统、计费系统以及安防系统。

b. 充电站监控后台见表3-14。

(a) 电动汽车换电站

(b) 电动汽车专用电池

图 3-6　电动汽车换电站

表 3-14　充电站监控后台

项目	内　容
充电站监控后台的构成	充电设施监控后台一般由一台服务器与两台工作站组成，也可根据需要增加监控工作站与服务器数量，系统内的计算机通过以太网互联
充电站监控后台的功能	数据采集；控制调节；数据处理与存储；事件记录；人机操作与图形编辑；报警处理；报表管理与打印；通信；用户管理和权限管理；系统维护与系统自检；GPS 对时；充电管理；可扩展性；充电设施智能负荷调控

c. 充电站监控后台系统技术指标见表 3-15。

表 3-15　充电站监控后台系统技术指标

指标类型	指　标
系统容量指标	可监控保护测控装置数量：≥100 个 可监控充电机数量：≥100 个
系统可靠性指标	模拟量测量综合误差：≤1% 遥信正确率：≥99% 遥控正确率：≥99.99% 平均无故障时间（MTBF）：≥8760h

续表

指标类型	指标
系统实时性指标	数据采样扫描周期：1～10s 系统控制操作响应时间：＜10s 画面调用时间：＜3s 画面实时数据刷新时间：5～30s 实时数据查询响应时间：＜3s 历史数据查询响应时间：＜10s 正常情况下CPU负载：≤30%（1min平均值） 事故情况下CPU负载：≤70%（1min平均值）

d. 通信管理机的功能。

ⓐ 通信管理机为充电站监控系统的通信核心。

ⓑ 负责配电系统监控、充电站监控后台及充电机之间的数据交换。

ⓒ 负责向充电设施上级监控系统转发本站相关信息。

ⓓ 负责向安防系统转发报警信号，实现视频监控联动。

e. 充电机控制系统。充电机控制器是充电机的主要组成部分，为充电机的控制中心和通信枢纽。如图3-7所示为充电机控制器的控制过程框图。

图3-7　充电机控制器的控制过程框图

f. 配电系统监控。配电系统监控的功能为实现充电设施配电系统的监控及保护功能。通过充电设施监控后台系统实现双向数据交换。

g. 安防监控系统。

ⓐ 安防监控系统功能。实时视频监控；报警功能；图像录像管理；控制功能；系统对时功能。

ⓑ 安防监控系统主要性能指标要求。安防监控系统主要性能指标要求见表3-16。

表3-16　安防监控系统主要性能指标要求

指标	要求
系统可用率	＞99%
同屏同时可监看的充电站数量	≥4个
监控中心的监控终端（工作站）图像控制切换响应时间	＜1s
图像传输帧速率	12～25帧/s，可调
图像分辨率	达到CIF格式（352×288）以上（包括CIF格式）
计算机显示分辨率	≥800×600
系统时钟精度	＜1s
系统平均无故障时间（MTBF）	＞30000h

续表

指标	要求
系统平均维护时间（MTTR）	<0.5h
计算机 CPU 平均负荷率	<30%
监控画面显示与实际事件发生时间差	<0.5s
事件报警到系统自动记录相应时间差	<1s
各报警探头报警到后台信息时间差	<1s
各报警探头报警到监控中心显示时间差	<1s

⑤ 平面充电站的网络结构。如图 3-8 所示为平面充电站的网络结构。

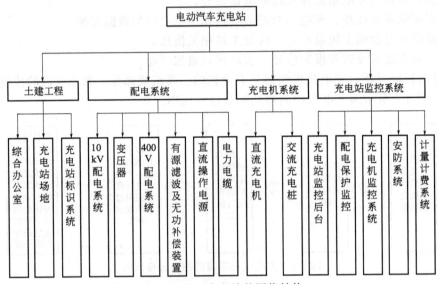

图 3-8　平面充电站的网络结构

第4章 电动汽车充电站配电系统

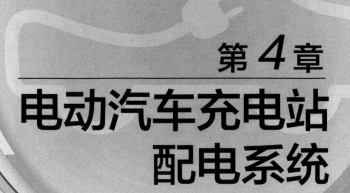

4.1 充电站对供电电源的要求

由于各类电动汽车充电设施的设计规模和充电方式不同，所以对供电电源的要求也不一样。对于分散设置于个人住房、住宅小区以及商业楼宇等场所的独立交流充电机（桩），可以采用所在区域的配电系统提供的单相 220V 低压交流电源的供电方式；而对于大、中型充电站（图 4-1），为了确保其安全及可靠地运营，则需要设立单独的配电系统，以便为整个充电站内的充电机及其辅助设备提供电能，而不应再接入其他无关的电力负荷，也就是配电系统的容量不仅应满足全部电动汽车充电机的电能需求，还应确保为充电站内的照明、监控及办公等设施提供足够的电量。其中大型充电站主要采用双路 10kV 高压交流电源的供电方式，具有可靠性高和用电容量大等特点；中型充电站主要采用单路 10kV 或者 0.4kV 的交流电进线作为主供电电源，另一路 0.4kV 的交流电进线作为备用电源的供电方式，可靠性也较高；小型充电站由于用电需求量小，采用单路 0.4kV 交流电源的低压供电方式即可。

图 4-1 大中型充电站

电动汽车充电站的供、配电系统应该符合常规配电系统的设置，并具有下列安全防护措施。

① 为防止雷电或者操作过电压沿电源引入线对低压配电系统产生不良影响，应在主开关的电源进线侧与地端子之间装设 B 级防雷器，在配电母线和地端子之间装设 C 级防雷器。

② 为防止电磁干扰对计算机等弱电设备的影响，监控电源引入线可以选择装设 EMI 滤波装置。

③ 在 10kV 侧可采用线路保护装置及变压器保护装置，在 0.4kV 侧可以采用相关仪器用于电力参数的监测。

④ 对供、配电系统采用电力自动化监控系统，实现对各电气参数的实时监控，以及遥测、遥控和遥信等功能。

4.1.1 配电电压

大型充电站通常采用双路单母线接线的 10kV 高压交流电源的供电方式，分别配置两台配电变压器，每台配电变压器的容量都不小于充电站所需的全部用电负荷量。其配电系统的高压柜采用真空断路器中置式开关柜或者环网柜，并设置进线柜、计量柜、母线设备以及出线柜。输入侧的 10kV 电压经变比为 10kV/0.4kV 的配电变压器降压之后，输出的 0.4kV/50Hz 电压采用低压配电网中常用的 3 相 4 线制。与 3 相 3 线制相比，这种制式有较高的电气安全性，可以分别为充电设备提供 380V 3 相 4 线制电源，同时也为照明、办公和监控等设备提供单相 220V 电源。0.4kV 低压侧采用单母线分段的接线形式，两段母线间需要设置分段联络柜、分段联络开关和抽屉柜，每段母线均设有进线柜、有源滤波和无功补偿柜及出线柜，并且低压电源每路出线还应配备交流计量装置。

4.1.2 配电变压器

电动汽车充电站配电系统中变压器的类型、容量及数量等均对充电站的充电服务功能有着直接影响。选择变压器时应当充分考虑充电站在运行后的负荷特点及前期投资的经济性，并按照充电站的建设目的确定最合适的变压器。对于配电容量需求比较大的二级负荷充电站，可以装设两台变压器，每台变压器的容量均应可以满足电动汽车充电站内所有设备的用电负荷，包括充电机的动力用电及照明、监控、办公等相关设施的用电，并且留有一定的裕度，以便当其中一路电源出现故障断电时，另一路电源的变压器仍能确保充电站的正常满负荷使用，从而保证充电站的正常运行。充电站的照明、监控、办公等相关设施一般应该与充电机共用一台变压器，但照明、监控以及办公等设备的用电负荷量较大时，共用变压器可能会对照明质量或者监控计算机的可靠运行造成不利影响，应采取相应的解决措施。另外，如果变压器处于灰尘比较多或者含腐蚀性气体的场合时，其运行的安全性很容易受到影响，导致安全隐患，所以在这类场所中要选用防尘或防腐蚀型的变压器。

(1) 变压器的类型

充电站的配电变压器通常采用室内变压器，变比为 10kV/0.4kV，以负荷容量、短路电流等系统参数作为选择依据。目前，电网中经常使用的配电变压器按容量划分主要有 R8 与 R10 系列，根据调压方式分为无载调压与有载调压两种，根据冷却方式分为油浸式（图 4-2）、干式以及充气式(SF6)等。其中，冷却方式不同的变压器具有各自的优缺点，油浸式变压器具有造价低、耐过载能力强等优点，但因为其有可能出现漏油、爆炸或延燃等安全隐患，所以不适于室内配变电使用；环氧树脂浇注包封式干式变压器具有电气及力学性能良好、耐热等级较高、工作噪声小、占地面积小等优点，是一种安全可靠的环保节能型变压器，可以

图 4-2 油浸式变压器

适应多种恶劣环境，适用于对防火、防爆要求较高的场合。所以，充电站的配电变压器建议选用此类干式变压器。

(2) 变压器的数量

配电变压器的数量应按照负荷类型及对供电可靠性的要求来确定。充电站在发展初期具有数量较少、地理位置较分散、规模较大等特点，要求有较高的供电可靠性，所以需采用两台配电变压器，实行双路供电，其中变压器的高压进线应当取自不同的变电站或者同一变电站的不同母线段，采取分段供电、互为备用的模式；当充电站发展到一定阶段之后，其数量将会大幅增加，布局也相对比较密集，此时只需一台配电变压器即可，由此引起的供电可靠性降低可以利用充电站的数量来弥补。若充电站的服务对象主要是居民，则可建于居民小区内，以便利用小区内已有的生活配电设施，而不必另设变压器以减少投资。

(3) 变压器的接线

配电变压器的接线通常有Yyn0与Dyn11两种方式，其中Dyn11方式更有优势，主要表现如下。

① 采用Dyn11接线方式的变压器体积比Yyn0方式的变压器小很多，并且零序阻抗小，在单相接地故障时的保护判断更加迅速，切除保护也更快速，从而可以减少故障电流的选择时间。

② 具有更好的对单相不平衡电流的承受能力。当变压器流过不平衡电流时，会产生中性点线电流，采用Dyn11接线方式的变压器能够承受达到其低压侧绕组额定电流75%以上的中性点线电流，远大于采用Yyn0接线方式的变压器的承受能力。

③ 采用Dyn11接线方式的变压器的高压侧绕组为三角形连接，能够使3的整数倍次的谐波电流在流至高压侧绕组内形成环流，不会流向公共电网，可以有效抑制高次谐波对电网的污染。

④ 采用Dyn11接线方式的变压器需要绝缘强度较高的一次绕组，所以造价比Yyn0方式稍高。如果配电变压器选择Yyn0的接线方式，应确保其在流过单相不平衡电流时引起的中线电流不能超过其低压绕组额定电流的25%，且任一相的电流在满载时不能超过其额定电流，以保证变压器的安全运行。

因为充电站采用TT型接地形式，根据《供配电系统设计规范》(GB 50052—2009) 中7.0.7条的规定，在TN及TT型接地形式的低压电网中，推荐采用Dyn11接线的配电变压器。

(4) 变压器容量

充电站配电系统的容量取决于充电系统、监控系统、照明及办公等设施的用电负荷。其中，充电系统通常包括更换电池与整车充电两种模式，所以，充电站的容量应通过充电机的规模、电池数量及运营方式而定。在选择变压器的容量时要考虑所有用电设备的额定负荷，并在此基础之上留有一定的冗余量。

4.1.3 配电容量

充电站配电系统的容量包括所有充电机都在为电池组充电时所需的动力用电，以及充电站内部的办公、照明、通信及控制等设备的用电负荷。配电系统中的任意一台变压器的容量应可以满足全部用电设备的计算负荷并留有一定的裕度，以确保充电站的正常运营。其中由电动汽车的类型、车辆需要行驶的里程、充电机和电池数量及充电站的运营模式决定的动力用电负荷是配电容量的主要组成部分。

(1) 电池数量

后备电池的数量需要通过充电站的运营方式确定。

(2) 充电机

充电机的用电负荷通过单台充电机的输出功率及需配备的数量决定。充电机输出功率的不同决定了充电速度的不同，即功率较大的充电机具有较高的充电速率，可以节省用户的时间，更适用于快速充电站；而功率比较小的充电机充电速度较慢，适合于一般的充电桩。充电机的数量则通过需要充电的车用电池的数量决定。

(3) 配电容量的估算

充电站在采用单进线单变压器的模式时，其所需要的配电容量即为充电机动力用电及照明、监控、办公等全部用电设备的用电量。其中充电机动力用电在充电站配电容量中占据了大部分的比例，其估值方法是用所有充电机的最大输出功率除以充电机的效率和功率因数。由此可知，动力用电负荷的大小主要取决于单台充电机的最大输出功率和充电机的数量，而单台充电机的最大输出功率通过输出电压和输出电流决定。纯电动汽车通常采用锂电子电池，其充电过程可分为两个阶段：刚开始充电时，为避免由于电池的电动势较低而产生很大的充电电流造成电池损坏，必须限制充电电流，也就是采用恒流的方式，使充电电流控制在安全的数值内；随着电池存储电量的增加，充电电压随着电池电动势的上升而不断上升，当电池电压达到一定值时，则开始恒压充电阶段，也就是充电电压为定值，充电电流在此阶段不断下降，直至为零。实际充电时，当充电电流降低到一定数值时即结束充电。

以单路电源供电、只配备一台降压变压器的电动汽车充电站配电系统为例，由以上的论述可得整个充电站全部用电设备的总用电量 S_C 为

$$S_C = S_1 + S_2 \tag{4-1}$$

式中 S_1——动力用电量，kV·A；

S_2——照明及办公用电量，kV·A。

动力用电量 S_1 的估算式为

$$S_1 = \frac{NP}{\eta\cos\varphi}K \tag{4-2}$$

式中 N——充电设备总数；

P——充电设备的最大输出功率，kW；

η——充电设备的效率；

$\cos\varphi$——充电设备的功率因数；

K——充电设备的同时系数。

此外，变压器容量 S_N 的选取还应留有适当的裕量，也就是应比 S_C 更大，这样才能确保充电站安全、可靠地运营。

4.2 配电系统的结构及主接线

4.2.1 配电系统的结构和供电方式

充电站供电系统自配电网引出三相电源给电动汽车的电池充电主要经过三个环节：首先利用配电变压器把电压等级由10kV转变为0.4kV；然后利用整流装置把三相交流电转换为直流电；最后利用功率变换装置转换成电池充电所需的直流电。其中，还可根据需要加入滤波环节。

电动汽车充电站的供电方式根据输送电能的不同可分为直流供电与交流供电两种。其中直流供电方式是在充电站配电系统的低压侧加装一个 AC/DC 换流装置，先把三相交流电通过整流转变为直流电，引出直流母线，再在此直流母线上并联各台充电机，以便作为后者的输入电源，而每台充电机可以将单独的整流装置省去，对于提高电动汽车供电系统的运营经济性、降低投资具有较高的应用价值及良好的应用前景；交流供电方式则是把充电站配电系统低压侧的三相交流电作为交流母线，直接作为每台充电机的输入电源，每台充电机在输入端均加装一个 AC/DC 换流装置，再经 DC/DC 变换输出用于给电动汽车蓄电池充电的适宜电压。目前在充电站中应用比较多的是交流供电方式，主要由配电变压器、断路器、主线路及用于监测、保护和控制等的相关装置组成。

(1) 直流供电方式

直流供电方式的优点是系统运行的效率较高，可优化充电机的主电路方案，降低充电机设备的成本，还能够很好地实现"充、放、储"一体化功能，降低充电站的建设与运营成本。电网的三相交流电经配电变压器降压之后，统一经整流桥变为直流电，再经滤波后引出直流母线，充电机并联接入直流母线。充电机利用 DC/DC 变换器进行直/直变换，也可再进行一次输出滤波，然后输出适宜于电池充电的直流电。如图 4-3 所示为直流供电结构和运行方式。直流供电方式能够简化充电机的结构，每台充电机可以只由 DC/DC 变换器构成，有利于提高整个系统的效率，使设备成本降低。直流母线供电方式的线路损耗小于交流母线供电方式，线路长度越长，这种情况越明显。和交流供电方式一样，直流供电系统中的整流装置也可采用不同的整流方式。6 脉波整流桥与 12 脉波整流桥同样需要在电网侧加装有源滤波装置。充电站直流供电系统宜采用 PWM 整流器。而 DC/DC 变换器既可以采用隔离型，也可以采用非隔离型，变压器二次侧中性点可选择接地，也可选择不接地，只是前者由三相隔离变压器统一隔离之后，直流母线上接不带隔离的 DC/DC 充电机，而后者则是交流侧不做隔离，直流母线接带隔离的 DC/DC 充电机分别隔离。这是电动汽车充电站的一般做法。供电系统采用中性点不接地、系统接不带隔离的 DC/DC 充电机的结构的目的是可以减少设备成本和系统中的环节，提高经济性及系统效率。

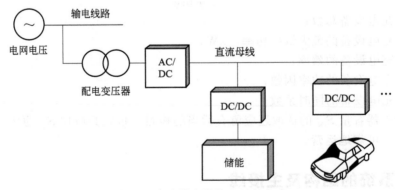

图 4-3 直流供电结构和运行方式

(2) 交流供电方式

三相电网中的输入交流电经配电变压器降压之后引出交流母线，充电机并联接入交流母线。充电机利用整流装置将交流电转换成直流电，滤波后经隔离型高频 DC/DC 变换器进行直/直变换，转变成负载或者储能电池充电所要求的直流电，也可以再一次进行输出滤波，然后输出直流电。如图 4-4 所示为交流供电结构和运行方式。交流供电系统中充电机的整流装置可以是 6 脉波整流桥、12 脉波整流桥或者 PWM 整流桥等。如果采用不控整流技术，则具有动态性能好、直流侧电压纹波小以及体积小等优点，但是这种方式也存在电网侧电流谐波含量较高（6脉波为30%左右）及效率低等缺点。6脉波与12脉波整流桥均有奇数次谐波电流较大的问题，尤其是5次、7次、11次及13次谐波。6脉波整流桥的谐波含量远大于《电磁兼容 限值 对额定电流大于16A的设备在低压供电系统中产生的谐波电流的限制》（GB/Z 17625.6—2003）所规定的电网接入条件，而12脉波整流桥对谐波的抑制效果相比6脉波整流桥有很大改善。如果考虑把带有这两种整流桥的充电机接入电网，则须加装谐波治理装置，如LC无源滤波器或有源滤波器。PWM整流技术具有动态特性好、直流侧电压纹波低、功率因数高、相应各次谐波电流小、电网侧谐波电流较小、体积小及效率高等优点。将带有PWM整流桥的充电机接入电网时可不用加装谐波治理装置，但结构及控制策略较复杂，成本也较高。

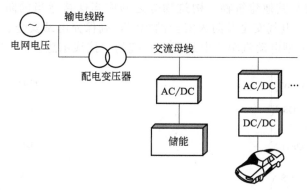

图 4-4　交流供电结构和运行方式

4.2.2　配电系统的主接线

由于不同充电对象的充电情况不同，所以电动汽车充电站可以据此划分为两类，也就是二级负荷用户的充电站和三级负荷用户的充电站。电动汽车充电站的配电系统依据充电站建设规模的不同，其接线及运行方式也有所不同。配电系统的主接线应当符合国家有关技术安全标准的要求，配电系统应符合一、二级电力负荷对供电可靠性的要求，能充分保证人身和设备的安全，可以适应各种不同的运行方式，便于切换操作和检修，且适应未来负荷的扩容发展。同时，在满足上述要求的前提下，尽量使主接线简单、运行费用低、投资少、节约电能及有色金属的消耗量。

（1）二级负荷用户的充电站

大型电动汽车充电站属于二级负荷用户，为了提高运行的可靠性及操作的灵活性，大型充电站主要由两条10kV高压回路的供电电源供电，也就是采用双路供电但不配置后备电源的模式。这两路高压供电电源通常应引自不同的变电站，也可引自同一变电站中的不同母线段，以尽量防止两条回路同时失电的情况；每一路的进线容量应不小于充电站的配电容量，包括动力用电、监控以及办公等用电量。

配电室为充电站提供所需的电源，内部设有变配电所需设备、配电监控系统以及相关的控制和补偿设备等，主要包括计量装置、谐波抑制及无功补偿装置各2套，10kV/0.4kV干式变压器2台，10kV高压开关柜以及0.4kV低压开关柜（含断路器和隔离开关）、继电保护装置和自动装置等。

配电室的两路10kV电源进线分别利用各自的变压器等设备降压后输出为0.4kV的交流电源供给充电机使用，并输出单相220V交流电源为照明、办公以及控制设备等供电。大型电动汽车充电站的高压配电设备通常采用成套的高压开关柜，变压器高压侧装设有高压计量柜，用于计量流入的电量，以便电力部门进行管理；低压侧通过中性点直接接地的 380V 3 相 4 线制系统，并提供独立的接地回路，以保证电气安全性。此外，在变压器低压侧还装设有谐波抑制和无功补偿装置，用于消除充电机等非线性负载运行时产生的谐波，并提高网侧输入的功率因数。

配电室的设计应符合常规配电系统的设置要求：
① 考虑建设时进出线方便，选择进线方向时应当尽量偏向电源侧；
② 考虑为日后可能的扩建留有余地；
③ 方便设备运输；
④ 尽量避开潮湿、污秽以及有腐蚀性气体的地段；
⑤ 室外配电装置与其他建筑物、构筑物等之间应当保持适当的防火安全距离并配备相关的消防设施，以满足电气安全及防火安全的规定，确保充电站安全、可靠地运行。

如图 4-5 所示为大型电动汽车充电站配电系统的主接线示意。

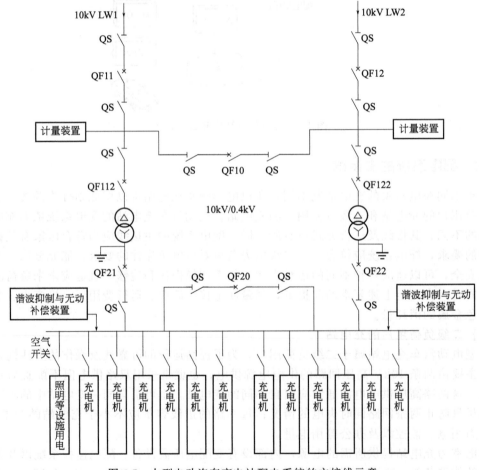

图 4-5　大型电动汽车充电站配电系统的主接线示意

图 4-5 所示的大型电动汽车充电站的 10kV 高压侧母线与 0.4kV 低压侧母线都采用单母线分段的主接线形式，利用分段断路器实现两路工作电源互为备用。充电站在正常工作时，高低压侧母线分段断路器均断开，两路 10kV 高压电源分别利用各自的干式配电变压器降压

后输出 0.4kV 的低压交流电源为充电机供电，两路电源各承担一半的负荷；当其中任一主变压器或者供电母线停电检修或发生故障时，则可以利用备用电源自动投入装置闭合母线分段断路器，由另一供电母线取得电源，从而迅速恢复对整个充电站的供电。这种配电系统接线方案因为采用了双路供电的模式，并且两路电源可以实现互为备用，能够极大地提高供配电系统的可靠性，具有安全系数大、可靠性高且灵活等优点，所以，这种接线方式可以适用于大型充电站或其他一、二级负荷用户。

（2）三级负荷用户的充电站和其他充电设施

三级负荷用户的充电站主要通过单回路供电电源供电，中压及低压系统最好采用单母线或者单母线分段接线的方式，使线路及接线简单而清晰。对于中型电动汽车充电站，其低压侧应采用单母线接线的方式，并利用双回路供电。

此外，在实际中还应该对充电站的服务对象及规模进行具体分析，从而做出合理的设计，如对于电动私家车或者市政工程车等车辆，可利用住宅及办公用电作为充电机的供电电源进行快速或慢速充电。

4.3　充电机（站）对电力系统的影响

公用电网中一般会接入各种电力电子装置等非线性负载，这些负载产生了周期性的非正弦波电量，对这些电量进行傅里叶分析，可以得到与其电网电压频率相同的基波分量及电网电压频率的整数倍分量，后者被叫作谐波。各次谐波会对电力系统造成一定的危害，主要表现在下列几个方面。

① 若大量包含谐波的尖峰脉冲电流进入市电，将会导致对市电电网污染，干扰接在电网上的其他电气设备的正常使用，比如影响晶闸管设备的稳定运行等。另外，谐波会加速电容器的绝缘老化及介质损失，也容易使电网中用于补偿电网无功功率的并联电容器发生局部并联或串联谐振，从而导致过电压或过电流的现象，轻则会导致电容器的绝缘老化，损坏电容器，重则可能发生爆炸，造成严重事故。

② 对邻近并行的用电系统产生干扰，导致信号误差和计算机误码率的增大，直接影响系统的质量和可靠性，严重时会造成系统无法正常工作。尤其是谐波会对邻近的一些通信系统产生干扰，轻则会产生噪声，从而导致通信的质量降低，重则可能会造成信息丢失，影响正常通信。此外，谐波也会对电能计量产生影响，因为传统的测量表计均是以 50～60Hz 的固定频率作为标准标定的，对频率变化的反应不灵敏，但是谐波电流会增大计量的负误差，当电网中存在较多的 5 次谐波时，电能表的负误差是 6%～8%；当存在 11 次谐波时，电能表负误差可达 10% 左右。

③ 当市电电网采用 3 相 4 线制供电时，若中线流过的 3 次谐波电流很大，极易使中线过热，严重时会造成火灾，导致巨大危害。同时，谐波电流也会使中线与相线之间的电压发生变化，不仅使电力系统的电能损耗增大，同时也使整个系统存在安全隐患。

④ 由于输入的尖峰脉冲电流的有效值比较大，增大了交流供电的视在功率，相应地需要增加滤波器等前级设备的功率容量，迫使用户必须选取更大的配电线截面积、保护装置以及滤波器的容量，从而使设备成本和基建投资增加。

⑤ 使电源的输入功率因数下降。若电流总的谐波畸变率（THD）为 80%～100%，则输入功率因数将只有 0.5～0.6。

⑥ 增大了电力系统的功率损耗，易使电网中的一些元件产生附加的谐波损耗，比如导致电动机的附加损耗和发热量的增加。此外，谐波电流还会造成电机的过载能力、使用寿命

和效率的降低，也会导致出现脉动转矩。谐波还会降低发电、输电环节以及各用电设备的效率。如果谐波电流流过三角形连接的配电变压器，则会在三角形内部循环流动，可能会引起导线过热，形成安全隐患。

⑦ 由于存在谐波电流及谐波电压，电力系统中过电流、过电压以及欠电压等保护装置可能会产生错误的报警，甚至跳闸。

⑧ 谐波电流在输电线路上的电压降会导致用户端的电压波形发生严重的畸变，可能影响电气设备的正常工作。

目前，按照我国有关规定，任何用电负载接入电网时必须符合国家标准《电能质量 公用电网谐波》（GB/T 14549—1993）及《电磁兼容 限值 对额定电流大于 16A 的设备在低压供电系统中产生的谐波电流的限制》（GB/Z 17625.6—2003）中的有关要求，以确保电网中用电设备的正常运营。

由于谐波污染和无功功率的损耗问题对电力系统及电力用户都有非常重要的影响，所以深入研究及分析电力电子装置的谐波产生机理并采取适宜的谐波抑制和无功补偿方法，进而改善电能质量及电网安全，具有重要的理论及现实意义，也是近年来电力电子领域研究的热点之一。

4.3.1 公用电网的谐波限值

(1) 谐波含量的几个指标及其数学表达式

谐波含量的几个指标及其数学表达式见表 4-1。

表 4-1 谐波含量的几个指标及其数学表达式

指标	数学表达式	式中字母意义
第 h 次谐波电压含有率	$HRU_h = \dfrac{U_h}{U_1} \times 100\%$	U_h——第 h 次谐波电压的有效值；U_1——基波电压的有效值
第 h 次谐波电流含有率	$HRI_h = \dfrac{I_h}{I_1} \times 100\%$	I_h——第 h 次谐波电流的有效值；I_1——基波电流的有效值
谐波电压含量	$U_H = \sqrt{\sum\limits_{h=2}^{\infty}(U_h)^2}$	U_H——各次谐波电压的有效值
谐波电流含量	$I_H = \sqrt{\sum\limits_{h=2}^{\infty}(I_h)^2}$	I_H——各次谐波电流的有效值
电压总谐波畸变率	$THD_u = \dfrac{U_H}{U_1} \times 100\%$	THD_u——各次谐波电压与基波电压有效值的比值
电流总谐波畸变率	$THD_i = \dfrac{I_H}{I_1} \times 100\%$	THD_i——各次谐波电流与基波电流有效值的比值

(2) 各次谐波电流允许值的计算

依据公用电网电能质量相关国家标准的规定，各种用电负荷接入电力系统时，其注入公共电网的谐波含量不能超过一定的限值。当充电站采用 10kV 的供电电压时，公共接入点的电压总谐波畸变率应小于 4%，奇数次与偶数次谐波电压的含有率应分别小于 3.2% 与 1.6%，同时，各次谐波电流的有效值也要小于允许值。《电能质量 公用电网谐波》（GB/T 14549—1993）标准对注入公共连接点的谐波电流允许值做出了明确规定，不同供电电压下所允许的谐波电流数值如表 4-2 所示。

表 4-2 注入公共连接点的谐波电流的允许值

标称电压/kV	基准短路容量/MV·A	谐波次数及谐波电流允许值/A																	
		2	3	4	5	6	7	8	9	10	11	12	13	14	15	16	17	18	19	20
10	100	25	20	13	20	8.5	15	6.4	6.8	5.1	9.3	4.3	7.9	3.7	4.1	3.2	6.0	2.8	5.4	2.6
35	250	15	12	7.7	12	5.1	8.8	3.8	4.1	3.1	5.6	2.6	4.7	2.2	2.5	1.9	3.6	1.7	3.2	1.5

从表 4-2 中可知，在相同的条件下，充电站供电电源的电压等级越低，谐波电流的允许值则越大，这样可以使更多的充电机注入公共连接点的谐波电流允许值满足国家标准。

当配电系统的最小短路容量不同于表 4-2 中所给的基准短路容量时，应根据式(4-3) 对谐波电流的允许值进行适当的修正。

$$I_h = \frac{S_{K_1}}{S_{K_2}} I_{hp} \tag{4-3}$$

式中 I_h——短路容量为 S_{K_1} 时的第 h 次谐波电流允许值，A；

S_{K_1}——公共连接点的最小短路容量，MV·A；

S_{K_2}——基准短路容量，MV·A；

I_{hp}——表 4-2 中的第 h 次谐波电流允许值，A。

当公共连接点接有多个用户时，第 i 个用户的第 h 次谐波电流的允许值 I_{hi} 可表示为

$$I_{hi} = I_h \left(\frac{S_i}{S_t}\right)^{\frac{1}{\alpha}} \tag{4-4}$$

式中 I_{hi}——第 i 个用户的第 h 次谐波电流的允许值，A；

S_i——第 i 个用户的用户协议容量，MV·A；

S_t——公共连接点的供电设备容量，MV·A；

α——相位叠加系数。

对于 3 次谐波，取 $\alpha=1.1$；对于 5 次谐波，取 $\alpha=1.2$；对于 7 次谐波，取 $\alpha=1.4$；对于 11 次谐波，取 $\alpha=1.8$；对于 13 次谐波，取 $\alpha=1.9$；对于其余次谐波，取 $\alpha=2$。

4.3.2 充电机（站）谐波的计算分析方法

充电机是充电站的主要组成部分，并且对于保证充电站的安全和可靠运行具有重要作用。目前使用的充电机一般都使用高频开关电源技术，也就是采用高频全控型半导体器件和 PWM 控制技术对交流市电进行整流，然后经过高频开关功率变换得到高频交流电，再经过整流滤波得到适当幅值的直流电输出。与传统不控或相控型充电机相比，这种充电机有下列优点：

① 重量轻，体积小，效率高（大于 90%，而相控型仅是 60%～80%）；

② 动态性能好，稳压精度可精确到 0.2% 以内，而相控型仅为 1%；

③ 功率因数高，可达 0.92 以上，而相控型仅是 0.6～0.7；

④ 噪声低，开关频率在 40kHz 以上；

⑤ 方便实现遥测、遥信及遥控等智能化操作。

但是这些充电机前端均是利用 AC/DC 变换器（即整流器）与交流电网连接的，经 AC/DC 变换器整流处理之后，才向下一级的变换电路或负载提供满足要求的直流电压和电流。而当前仍有相当数量的充电机采用单相或者三相二极管桥式整流，接电感电容滤波后，再送

入下一级的功率变换器中,并与电动汽车的蓄电池一起构成非线性或时变负载。所以充电机对于供配电电网系统来说属于非线性负载,当接入电网时必然会产生大量的谐波和无功损耗,造成网侧输入电压、电流波形畸变严重以及功率因数低下。随着充电设施日益广泛的应用,充电机在给电动汽车的使用带来方便的同时,也导致电网的谐波污染和无功损耗越来越大,这样不仅会造成充电机整机效率的下降,而且会给充电机的可靠运行带来十分不利的影响,并且还会严重影响电网中电能的质量及其他用电设备的安全运行。充电站产生的谐波由于充电机的电能变换电路的种类不同而有所差异,采用不控整流时产生的谐波及采用PWM整流时所产生的谐波则不相同。

所以,深入研究和采取有效措施以最大限度地抑制谐波的产生及补偿无功功率在科技飞速发展与社会不断进步、人们对环保且无谐波污染的"绿色能源"的需求日益提高的今天更是非常必要的。

(1) 二极管不控整流电路的充电机谐波特性分析

① 6脉波整流桥的谐波分析。当一台电动汽车充电机采用首先通过三相桥式不控整流电路对输入的三相交流电进行整流经滤波后为高频DC/DC功率变换电路提供直流输入,功率变换电路的输出通过输出滤波电路后为车用动力蓄电池充电的工作模式时,配电变压器一次侧线电流的波形随变压器的联结方式的不同而不同,所以利用变压器的联结方式不同引起的变化能够构成多脉波整流电路。6脉波整流电路经过变压器二次侧的是包含谐波的、周期性变化的非正弦波电流,设电源是三相平衡的交流输入电压,则输入电流为正负半周各120°的方波,波形相同并且依次相差120°,其有效值为 $I=\sqrt{2/3}\,I_d$,其中 I_d 为负载电流的有效值。选择A相电流正负半波的中点作为坐标原点,进行傅里叶级数分析,可得

$$\begin{aligned} i_A &= \frac{2\sqrt{3}}{\pi}I_d\left(\sin\omega t - \frac{1}{5}\sin5\omega t - \frac{1}{7}\sin7\omega t + \frac{1}{11}\sin\omega t + \frac{1}{13}\sin\omega t - \cdots\right) \\ &= \frac{2\sqrt{3}}{\pi}I_d\sin\omega t + \frac{2\sqrt{3}}{\pi}I_d\sum_{\substack{n=6k\pm1 \\ k=1,2,3\cdots}}^{\infty}(-1)^k\frac{1}{n}I_n\sin\omega t \\ &= \sqrt{2}\,I_1\sin\omega t + \sum_{\substack{n=6k\pm1 \\ k=1,2,3\cdots}}^{\infty}(-1)^k\sqrt{2}\,I_n\sin\omega t \end{aligned} \tag{4-5}$$

则基波及各次谐波电流的有效值分别为

$$I_1 = \frac{\sqrt{6}}{\pi}I_d \tag{4-6}$$

$$I_n = \frac{\sqrt{6}}{n\pi}I_d \quad (n=6k\pm1, k=1,2,3\cdots) \tag{4-7}$$

从式(4-7)可知,其交流侧谐波的特点是谐波次数为 $6k\pm1$,其中 $k=1,2,3\cdots$,即5次、7次、11次及13次等奇数次谐波;各次谐波的有效值和谐波次数成反比,谐波次数越高,谐波幅值越小。

一般定义功率因数 $\lambda = \frac{I_1}{I}\cos(\alpha-\varphi_1) = \frac{1}{\sqrt{1+\text{THD}_i^2}}\cos\varphi_1$,也就是电流总谐波畸变率 THD_i 越低,则功率因数 λ 越高。随负载加大,总的功率因数提高;同时,随滤波电感加大,总的功率因数也提高。当充电机工作于断续状态时,其电流总谐波畸变率 THD_i 将高于工作在连续状态时,所以其功率因数 λ 则低于工作在连续状态时的 λ。

借助对有多台充电机同时工作的充电站进行研究,可发现在采用Dyn11接线方式的配电变压器时,其高压侧和低压侧的电流总谐波畸变率 THD_i 通常小于采用Yyn12接线的变

压器；充电机数量越多，因为不同充电机产生的谐波中的一部分会相互抵消，所以可以减小 THD_i，进而功率因数也就越大。但当充电机数量增多时，变压器高压侧和低压侧的 THD_i 的差值减小，各次谐波电流含有率 HRI_n 的差值也减小，所以在多台充电机同时工作时，电流谐波总畸变率与功率因数的波动都小于在单台充电机工作时的数值。

② 12 脉波整流桥的谐波分析。12 脉波整流电路通过两个三相不控整流电路串联，其三相输入电流的波形相同且依次相差120°，其中 A 相电流的傅里叶表达式为

$$i_A = \frac{4\sqrt{3}}{\pi} I_d \left(\sin\omega t + \frac{1}{11}\sin 11\omega t + \frac{1}{13}\sin 13\omega t + \cdots \right) \tag{4-8}$$

由式(4-8)可知，对于采用三相桥式不控 12 脉波整流电路的充电机，其交流侧谐波的特点是谐波次数为 $12k\pm 1$，其中 $k=1,2,3\cdots$，即 11 次、13 次、23 次以及 25 次等奇数次谐波；增加脉波数有利于抑制谐波，且谐波的次数越高，其幅值也就越小。

(2) 带有有源功率因数校正环节的充电机的谐波特性分析

采用高频开关的有源功率因数校正（APFC）技术和无源功率因数校正技术相比，具有重量轻、体积小、效率高及功率因数接近 1 等优点。有源功率因数校正系统将输出电压和参考电压的误差作为闭环控制回路信号，通过放大后与三角波比较，得到高频开关的控制指令，利用控制开关的闭合使输入网侧的电流正弦化并与电压同相位，进而提高整流电路的功率因数和降低电流的总谐波畸变率。但是三相有源功率因数校正电路的开关管较多，因而成本也相对较高。

(3) 采用 PWM 整流电路的充电机的谐波特性分析

在采用 PWM 整流电路的充电机中，需要对三相桥臂施加幅值和频率相等，并且相位互差120°的三相对称正弦波调制信号。采用 PWM 整流时，网侧的谐波电流很小。网侧电流不仅为正弦波，而且还能与电压波形保持同步，即处于单位功率因数运行状态。因此 PWM 调制具有能够实现网侧功率因数控制、电能的双向传输和获得较快的动态控制响应，并且可以使网侧电流为正弦波等优点。

4.3.3 充电站谐波的工程算法

尽管已有采用 IGBT 等全控型开关器件组成的 PWM 整流电路应用于电动汽车充电站的充电机中，但是采用二极管桥式整流电路作为输入前端的充电机依然有广泛的应用，而这类充电机正是电力系统中的一类重要谐波源，其所产生的大量谐波不仅影响设备的工作质量、干扰电网系统的正常安全运行，而且还会对电网产生污染并消耗大量无功功率。所以，十分有必要对这类充电机所产生的谐波及功率因数进行分析和计算，以深入了解某个电动汽车充电站对电网的谐波危害程度，从而有助于采取有效、适宜的谐波抑制以及无功补偿策略，具有十分重要的意义。

如图 4-6 所示为电动汽车充电站充电机的工作原理。

通过图 4-6 可知，充电机的工作流程如下。

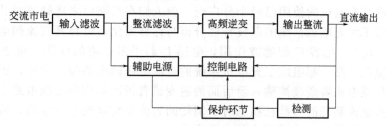

图 4-6　电动汽车充电站充电机的工作原理

从电动汽车充电站配电系统引出的交流市电首先经滤波器滤掉电网中的谐波，同时也阻碍充电机运行时产生的谐波注入电网，作为整流滤波环节的输入，把交流电直接整流为较平滑的直流电，供下一级变换器使用；滤波得到的直流电通过高频逆变器变换成高频交流电，再根据负载需要，利用整流滤波环节提供稳定可靠的直流电源，以便为电动汽车的蓄电池充电。其中的高频逆变部分为整个充电机电能变换的核心，其功率器件的开关频率越高，则功率密度越大、重量以及体积也越小。

在充电机系统的前端整流部分，因为整流后的输出电压还要输送到逆变或斩波等下一级功率变换电路中，并在那里得到进一步调节，所以其直流侧直流电压常常是通过三相二极管全桥整流电路对电网的交流电进行整流再接并联电容器滤波之后获得。输入的市电电压为三相交流正弦波，每相依次到达峰值，在接近峰值时，相应的整流二极管导通，而在低于电容器上的电压时又截止。因为整流二极管的导通时间比较短，所以会造成变压器交流侧流过的电流呈现出尖峰脉冲的波形，如图 4-7 所示。从图 4-7(b) 所示的电流频谱分析中可以看到，这是因为其中包含了许多高次谐波。当这些谐波注入电网后，就会导致电网电流的严重畸变，致使电源输入功率因数的下降。试验表明，当电流总的谐波畸变率（THD_i）是 80%～100%时，则输入功率因数将只有 0.7～0.8。

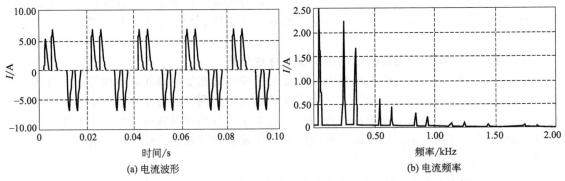

(a) 电流波形　　　　(b) 电流频率

图 4-7　并联电容滤波后直流侧的电流波形及电流频率（以 A 相电流为例）

为了改善输入电流的波形，消除谐波及提高功率因数，目前普遍采用的一种方法是把电容滤波改成电感和电容组合滤波，利用电感扩展整流桥上二极管的导通时间，平滑电流的波形，使电流的谐波含量减少。这种方法较为简单，虽然可把高频开关电源输入端的功率因数在满载时提高到的 0.9 左右，但在轻载时候则提高不多，尤其是电源大部分时间处于为蓄电池进行浮充的轻载状态。这种方法的另一个缺点就是滤波电感体积及损耗将增大，致使高频开关电源的效率下降和成本增加，但是目前的高频开关电源仍普遍采用这种形式。如图 4-8(a) 所示为采用电感和电容结合的方式滤波时的电流波形，而从图 4-8(b) 中所示的电流频谱分析中可以看出，谐波含量大为降低。所以，在下面对充电机系统的谐波进行分析时，将主要采用电感、电容以及电阻的等效方式。

尽管电动汽车充电机的使用已经十分广泛，但人们在长期以来还缺乏对其所导致的谐波的定量描述。为了使充电机系统的谐波特性分析与计算简化，可将其直流侧电路拓扑示意通过图 4-9 表示。其中，电容 C 起滤波作用，电感 L 起平滑电流的作用，电感、电容以及三相二极管全桥整流电路一起组成了充电机系统的直流电压输出部分。此外，因为电源前端整流部分输出的直流电流要继续被输入至后面的逆变或者斩波等功率变换电路中，而这部分功率变换电路作为整流系统的负载在稳态时所消耗的直流平均电流是一定的，所以可在分析中将它们等效为一个电阻 R，流过其中的电流为 I_R。

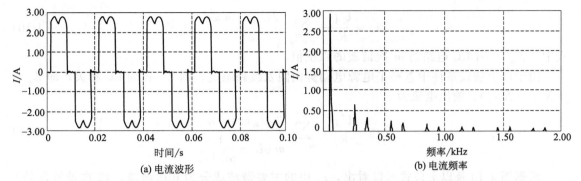

(a) 电流波形 (b) 电流频率

图 4-8 电感和电容组合滤波后的电流波形及电流频率（以 A 相电流为例）

从图 4-9 可知，充电机前级采用 LC 滤波的三相桥式不可控整流电路。首先假设：
① 三相输入电源为理想的对称正弦波；

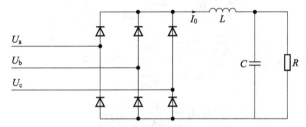

图 4-9 电动汽车充电机直流侧电路拓扑示意

② 忽略三相电源的内阻和进线阻抗，并且二极管无管压降；
③ 滤波电容 C 对 6 次及以上次数的谐波的阻抗远小于 R。

这些假设条件对于充电机模块通常都可满足，下面分别对直流侧电压、电流以及交流侧电流进行讨论。

在以上假设都成立的情况下，不可控整流电路输出的直流侧电压、电流波形如图 4-10 所示。对它们进行傅里叶分解后，直流侧电压 u_d 可以表示为

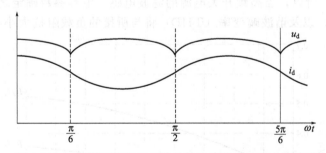

图 4-10 三相不可控整流电路的输出直流电压和电流波形

$$u_d = U_d + \sum_{m=6k}^{\infty} \sqrt{2} U_m \cos m\omega t \,(k=1,2,3\cdots)$$
$$= 1.35 U_1 \left[1 + (-1)m - 1 \sum_{m=1}^{\infty} \frac{2\cos 6m\omega t}{(6m-1)(6m+1)} \right] \quad (4-9)$$

式中 U_1——交流侧电压的有效值。

直流侧电流 i_d 可表示为

$$i_d = \frac{U_d}{R} + \sum_{m=6k}^{\infty} \frac{\sqrt{2}U_m \cos m\omega t}{Z_m} \tag{4-10}$$

式中 Z_m——LRC 电路的 m 次谐波的阻抗值。

由于以上假设条件中忽略了电源电动势内阻及线路阻抗，则 Z_m 仅同 LC 相关，即 $Z_m = j(X_{Lm} - X_{Cm})$，输出电流为

$$i_d = \frac{U_d}{R} + \sum_{m=6k}^{\infty} \frac{\sqrt{2}U_m \cos m\omega t}{m\omega L - \dfrac{1}{m\omega C}} \tag{4-11}$$

根据图 4-10 及以上公式可以看出，i_d 中的主要谐波成分为 6 次谐波，12 次谐波仅是 6 次谐波的 11.54%，而 18 次谐波仅为 6 次谐波的 3.5%，所以可以忽略 12 次及以上的谐波分量，将式(4-11) 简化为

$$i_d = \frac{U_d}{R} + \sum_{m=6k}^{\infty} \frac{\sqrt{2}U_6 \cos 6\omega t}{6\omega L - \dfrac{1}{6\omega C}} \tag{4-12}$$

欲使 i_d 连续，则应使 $\dfrac{U_d}{R} + \sum_{m=6k}^{\infty} \dfrac{\sqrt{2}U_6 \cos 6\omega t}{6\omega L - \dfrac{1}{6\omega C}} \geqslant 0$，即

$$\frac{6\omega L - \dfrac{1}{6\omega C}}{R} \leqslant \frac{\sqrt{2}U_6}{U_d} \tag{4-13}$$

式(4-13) 就是三相整流电路直流侧电流连续的临界条件。

根据某种 500V/100A 充电机产品整流电路参数选择方法，确定 $X_L = 6\text{mH}$，$C = 470\mu\text{F}$，这样，在均充时负载电阻通常是 50Ω，在浮充时负载电阻一般是 500Ω。将上述参数代入式(4-13) 中能够发现，当电源工作在均衡充电时，整流电路直流侧电流为连续；当电源工作在浮充时，整流电路直流侧电流为断续。

由于充电机通常均处于对蓄电池的均充或浮充状态，这两种状态下负载的阻值相差很大，有时达几十倍，所以，当高频开关电源的滤波电感、电容参数确定之后，交流侧谐波成分、功率因数 (PF) 以及谐波畸变率 (THD) 将与所接的负载阻抗大小有关，如图 4-11 及

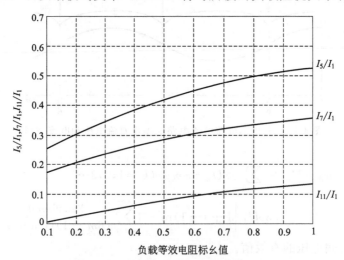

图 4-11 交流侧谐波与负载阻抗的关系

图 4-12 所示，其中，横坐标所示的负载等效阻抗标幺值，表示高频开关电源某一工作时刻的负载阻抗与轻载时（浮充）阻抗的比值。

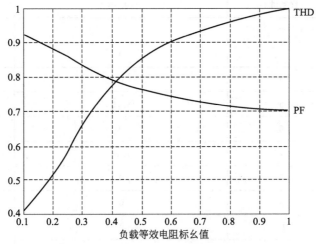

图 4-12 PF 和 THD 与负载阻抗的关系

通过上述分析并运用计算机仿真研究可知，充电机在电流断续工作模式时，交流侧各次谐波有效值与基波有效值之比，如 I_5/I_1、I_7/I_1、I_{11}/I_1 等将随负载电阻的增加而增加。

由《电能质量　公用电网谐波》（GB/T 14549—1993）可知，我国对于配电系统中注入公共连接点的谐波电流有相应的限制标准，充电系统在投入正常使用前必须符合相关的国家标准。因此，无论电动汽车充电站配电系统采用哪种设计方案，均应对公共连接点处的电压和电流进行谐波分析。当正弦电压施加到充电机上时，因为充电机采用了三相桥式不控整流，电流不再是输入时的正弦波，非正弦的电流在电网阻抗上会产生压降，从而导致正弦电压也发生一定程度的畸变。但是为了简化分析，可以忽略电压的畸变，认为电网电压始终为正弦波，所以主要对公共连接点处的谐波电流进行相应分析。

根据以上论述，以图 4-5 所示的含有 12 台充电机的充电站模型为例，对其产生的谐波进行仿真研究及快速傅里叶分析，发现谐波次数主要是 $6k\pm 1$（$k=1$，2，3…）次，也就是 5 次、7 次、11 次、13 次等。谐波随着电流次数的增加，其相应的幅值逐渐减小，各次谐波幅值与基波幅值的比值如图 4-13 所示，表 4-3 为各次谐波的幅值。

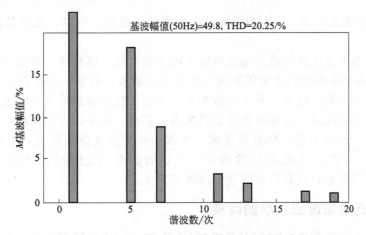

图 4-13 含有 12 台充电机的充电站产生的谐波分析

表 4-3　含有 12 台充电机的充电站产生的各次谐波幅值

频率/Hz	谐波数/次	该次谐波在电流中所占的比例/%	相位角/(°)
50	1（基波）	49.80	−20.1
100	2	0	231.2
100	3	0	208.5
200	4	0	245.0
250	5	8.76	255.3
300	6	0	182.4
350	7	4.48	225.2
400	8	0	123.7
450	9	0	27.6
500	10	0	136.5
550	11	1.63	119.0
600	12	0	119.7
650	13	1.08	76.5
700	14	0	240.1
750	15	0	199.6
800	16	0	254.6
850	17	0.62	−69.7
900	18	0	187.3

通过表 4-2、式（4-3）及式（4-4）能够计算出 10kV 电压等级下流入电网公共连接点的谐波电流的允许值。依据图 4-13 中显示的各次谐波占基波的比例能够看出，5 次、7 次谐波电流含量明显大于其他次谐波，最容易超过国家限制的谐波电流值，因此这里只选取 5 次、7 次谐波进行分析。通过计算得出，该系统的 5 次谐波电流的限值是 1.64A，7 次谐波电流的限值是 0.78A。

由表 4-3 中的数据可知，5 次和 7 次谐波电流已经超标，所以，充电站需要装设谐波抑制装置。

综上所述，因为充电机的输入电压与输入电流基本处于同相位，在理想情况下的位移因数为 1，所以影响功率因数的主要因素就是电流中的谐波。而在一般情况下，三相交流输入的电源系统均采用三相三线制，其中次数为 3 及 3 的倍数的谐波是零序电流的分量，只能在中线中通过，当无中线时，这部分谐波也就失去了存在。此外，由于交流电压在正、负半周里波形镜像对称，因此不存在偶数次谐波。所以，在交流电源系统里，电流除了基波分量外，只包含 5 次、7 次、11 次及 13 次等 $6m\pm1$ 次的谐波。以上分析对充电机的谐波抑制和无功补偿的研究与实施，具有很好的理论及现实意义。

4.3.4　影响充电站谐波大小的因素

电动汽车充电站产生的谐波大小受到多方面的影响，主要因素见表 4-4。

表 4-4 影响充电站谐波大小的主要因素

因素		影响
充电站配电网的容量		从谐波源角度及低压母线端口侧分析,当采用大容量的供电系统时,充电机的等效阻抗值将会降低,整流装置在变压器高、低压两侧产生的谐波电压畸变率均得到了减少,但供电设备的成本将会增加
充电站配电网的供电电压等级		根据相关国家标准,不同的供电电压等级下网侧公共连接点处的谐波电流允许值也相应不同,一般电压等级低的供电电源可以允许更多的谐波电流。如果采用电压等级为 35kV 的电源为充电站供电,国家标准规定的充电站产生的 5 次和 7 次谐波电流的最大允许值分别为 0.15A 与 0.18A;而采用 10kV 的电压等级时,这两个值则分别放宽至 1.64A 和 0.78A
充电站配电系统中电网高压侧的供电距离		配电变压器高压侧供电线路的长度也是影响电动汽车充电站对电网的谐波大小的因素之一。这是由于为充电站供电的电网线路本身具有一定的阻抗,在供电电源电压一定时,谐波电流的大小与阻抗成反比,也就是输电线路较长时可衰减各次谐波电流值,但又由于供电线路本身存在一定的压降,供电线路越长,线路阻抗则越大,充电站处的电压的畸变程度也就越大,而当供电线路较短时情况则相反。因此,由较长的供电线路换来的各次谐波电流的减小幅度有限,反而造成了电压的降低和畸变。而如果充电站由较近的电网电源供电,其获得的供电电源质量会更高,带来的经济效益也更高。所以,应具体分析电网供电传输距离对谐波的影响,一般应将充电站的选址设置在市网供电电源附近
充电站变压器的接线方式		我国颁布的国家标准《供配电系统设计规范》(GB/T 50052—2009)推荐在 TN 型和 TT 型接地形式的电网中采用 Dyn11 连接方式的配电变压器,该标准中的条文指出,采用 Dyn11 连接组别的变压器有利于抑制高次谐波。所以,电动汽车充电站可以采用 TT 型接地形式,其中的配电变压器一般采用 Dyn11 接线方式,用以抑制充电机产生的一部分谐波
充电机同时运行的数量		随着电动汽车充电站所配备的充电机数量的增加,充电站在正常运行过程中产生的谐波电流的有效值也会随之增加,但是增加的值并不只是单纯的各台充电机产生的谐波电流的代数和。多台充电机同时运行产生的谐波电流在电网接入点处既可能相互叠加,也可能出现抵消的情况。这是由于每台充电机产生的谐波电流的相位各不相同,如果相位角相同,各谐波电流则会相互叠加;反之,各谐波电流就会相互抵消,使充电站产生的总谐波电流减少。当充电站中同时工作的充电机数量增加时,出现谐波叠加或者抵消的可能性也会随之增大,所以要统筹充电机的数量及开启时序,以减小谐波电流的产生
充电站的运行及检修	配电系统中变压器或整流模块处于故障或检修状态	由于常用的 12 脉波整流装置是由两组 6 脉波整流装置利用变压器的不同绕组接线构成的,当其中的一组整流装置模块或配电系统中的一台变压器处于故障或者检修状态时,整个整流装置模块的工作状况将会发生变化,谐波电流的次数也会相应地发生变化,电流总谐波畸变率也可能升高
		为应对这种情况,对于一级负荷用户的充电站,可在整流模块中使用整流变压器来减小整流模块故障时的波形畸变对电网的污染。对于三级负荷用户的充电站,考虑到当前配电变压器的制造技术已经趋于成熟,而且在实际的生产和生活中应用时运行稳定,可靠性较高,很少出现故障,所以可以安排每年进行一次检修,并尽量选择在夜间进行,不影响充电站在白天的正常运营
	电源系统的对称性	在采用交流供电方式的电动汽车充电站中,整流装置都安装在 0.4kV 的低压母线侧,若出现电源侧不对称或各相低压负荷不平衡的情况,则会造成低压侧三相电压的不平衡,也就是三相电压的幅值不一致,此时整流桥各臂的延迟角就会出现偏差,整流导通角与正常导通角之间也会出现偏差。在三相电压不平衡的情况下,很容易产生谐波
	变压器阻抗的不平衡	如果系统采用了整流变压器,其三相阻抗在制造工艺及制造过程中都会或多或少地存在一些偏差,这些偏差有可能会使换相阻抗不平衡,从而导致系统中的整流装置各臂在导通和截止过程中的换相角度出现差异,导致谐波的产生
充电机中的晶闸管相控整流电路		如果充电机中的晶闸管相控整流变压器存在连接方式不合理、整流相数少、触发系统工作不可靠或滤波措施不完善等情况,都将会导致充电机产生的谐波含量超过有关规定值,给供电系统带来谐波危害
		随着电力电子技术的快速发展,电动汽车充电机的前端整流部分正逐渐由二极管不控向 IGBT 等全控型器件组成的 PWM 变换器电路拓扑过渡,传统的晶闸管相控整流模式已较少使用

综上所述,充电站在运营时,对于电力系统既存在正面影响,也存在一定的负面影响。正面影响主要表现在由于电动汽车多采用白天行驶、夜间充电的运行方式,可以避开社会用

电高峰，不仅能够享受电力公司关于阶梯电价在低谷时段的优惠，节约开支，而且对电网有一定的"削峰平谷"的作用，能够调整用电负荷，降低峰谷差，改善电网的负荷特性，在一定程度上能够缓解电网的压力，有利于电网的运行。负面影响则表现在因为充电站中的充电机是一种由整流器和功率变换器等装置组成的电力电子设备，属于非线性负载，不仅会产生大量的谐波电流对公用电网造成污染，影响电网电能的质量，同时还会使电力系统的功率因数降低，造成发电、输电及配电的效率降低。谐波危害主要表现在造成输电电缆的损耗增加，使绝缘等级和输配电设备的效率降低，加剧变压器的发热和噪声，干扰电网继电保护等安全自动装置的判断使其误动作，干扰临近的通信信号，威胁电网的安全，影响通信系统的正常工作等方面。

所以电动汽车充电站产生的谐波会对电力系统在发电、输电及用电等各环节都造成很大的危害，因此十分有必要分析其对配电网电能质量的影响，并采取相应措施抑制谐波电流，最大限度地阻止其注入供电系统，从而使电能质量得到改善，并满足国家相关的规定。通过在电动汽车充电站采用必要的谐波抑制措施，既能确保电网在运行中的安全性，也能提高整个系统的运行效率。

4.4 充电机（站）的谐波治理对策

作为大功率、非线性负载的电动汽车充电站在接入电力系统前，必须采取措施抑制其产生的谐波注入系统，使网侧的谐波电压或者电流保持在一定的数值内，避免对电能质量造成污染。

通过适当增大单台充电机的滤波电感 L_f 能够降低单台充电机的电流总谐波畸变率，这也是最简单便捷的一种方法。但是这种方法也存在一些不足，如随着滤波电感的增加，会带来更大的功率损耗及导致充电机的成本、体积和重量的增加等。

另外一种方法是根据充电机的输出参数，选择合适的功率变换单元的拓扑结构，减小功率变换单元的等效阻抗。如选用半桥式直流变换器代替全桥式直流变换器作为功率变换单元，则其有效的直流输入电压减小一半，而等效阻抗将减小至原来的25%，电流谐波总畸变率也有相应的降低。但这种方法也存在局限性，如下所示

① 在大功率场合，由于受开关器件功率等级的限制，通常只能选择三相桥式整流电路。

② 考虑到充电站的配电系统应通过容量较大的系统供电，而当系统的容量增大时，无论是从谐波源还是从低压母线侧端口分析，系统的等效阻抗值都降低，由整流装置产生的谐波在变压器高压侧和低压侧的电压畸变率均会减小，同时系统的谐振点频率也更高。

以上措施对充电站的谐波抑制和无功补偿的效果有限。对于各种电力电子设备对电网造成的谐波污染及无功损耗问题，主要有两大类解决途径，分别是降低谐波源产生的谐波含量和减少负载产生的谐波注入电网。

(1) 降低谐波源产生的谐波含量

在各个谐波源处分散地对单个谐波源实施补偿，从而最大限度地避免负载产生大量谐波。利用对电力电子设备本身进行处理，在其中加入谐波抑制和无功补偿部分，使电力电子设备不产生谐波，且电压和电流同相位，功率因数是1。采用这种方法能够简化后期为消除谐波影响而采取的措施及节省支出的费用，由于这种方法通常要根据各个不同谐波源的具体情况分别进行设计，所以叫作主动式的谐波抑制和无功补偿。具体方案有多脉波整流、无源滤波技术、功率因数校正以及PWM整流等。

（2）减少负载产生的谐波注入电网

在电网入端（即在用电装置与供电电网之间的公共连接点处）加装无源或者（和）有源滤波器，集中对多个接入电网的谐波源同时实施谐波抑制与无功补偿，阻止负载产生的谐波注入电网。这种方法对各种谐波源均适用，叫作被动式的谐波抑制与无功补偿。这类方法包括静止无功补偿技术与有源滤波技术。

相对而言，针对电网的有源谐波抑制和无功补偿属于一种事后弥补的方法，解决谐波问题的积极方法应该是着力于消除或者降低电力电子设备本身产生的谐波，使其不再向电网注入谐波，只有这样才可以使每个谐波源向电网注入的谐波量得到抑制，并且还可以有效地减少在电网公共连接点处增设的谐波抑制和无功补偿装置的功率及容量，降低功率损耗，以及提高单个电力电子装置的性能指标和产品的竞争力。

4.4.1 采用多脉波整流

当充电机由工频变压器、二极管不控整流电路、直流斩波电路与滤波装置等组成时，一般具有直流侧电压纹波小、动态性能好及成本低等优点，但缺点是谐波电流较大及功率因数较低，并产生大量的谐波电流注入电网。在注入电网的谐波电流中，5次谐波的含有率高达60%~69%，7次谐波的含有率是40%~49%，11次和13次谐波的含有率是10%~13%，电流总谐波畸变率达86.2%。这些谐波电流主要在整流变换过程中产生。

为了避免大量的谐波电流流入电网导致污染，可采用性能及可靠性更高的触发系统，防止和避免由于触发系统工作不可靠造成运行中的晶闸管丢失触发脉冲而不能继续导通，以及由此所导致的谐波变大、整流电源质量下降等问题。另外，对大容量的晶闸管整流设备可采取滤波措施，也就是增加采用由电容、电感等构成的"Γ形"滤波电路，以抑制高次谐波的含量，但最有效和得到普遍应用的方法是增大充电机整流装置的脉波数，也就是改变充电机中整流电路的拓扑或者增加相互间存在一定移相角的换流变压器，以增加整流脉波数或者相数。该技术也被称为多相整流技术，可以平滑电流的波形以降低谐波污染，实质是用阶梯波来接近正弦波，也就是脉波数增大时产生的谐波，从而减小谐波含量。为了达到更优的多脉波整流效果，在实际应用中一般会采用连接方式为Dd0、Yn11的整流变压器或者两台连接方式分别是Dyn11与Yyn0的配电变压器，这样的组合能够更好地抑制3次谐波，但是其缺点是相数的增加会带来设备成本的增加，并且换流变压器的接线复杂，利用率低。当充电机采用6脉波不控整流方案时，电流的谐波畸变率约是30%，其中5次、7次、11次以及13次等次数的谐波电流含量较大，如果此时配置5台及以上的滤波器，则电流的谐波畸变率将会得到显著降低，约为9%。

12脉动桥式整流电路则更加复杂一些，其基本原理为采用三绕组变压器将两个6脉动整流桥进行并联，并且把变压器二次侧的其中一个接成星形连接，另一个接成三角形连接，由此构成该型整流电路。12脉动桥式整流电路在工作时，5次、7次、17次及19次谐波能够被抵消，剩余的谐波分量仅有$12k\pm1$次，也就是11次、13次、23次及25次等各次谐波，并且其有效值与谐波次数成反比，而其与基波有效值的比值则是谐波次数的倒数，此时电流的谐波畸变率能够控制在约10%的程度，如果同时配置11次及以上的滤波器，电流的谐波畸变率则可以进一步降低至约5%。

与6脉动桥式整流电路同理，12脉动桥式整流电路各次谐波电流的有效值与其次数成反比，即次数越高，其有效值越小，对于滤除谐波也就越有利。所以，若电动汽车充电站的充电机采用12脉波整流电路同时配置滤波器的整流方式，则能够有效减少由整流装置产生的谐波，使系统中的谐波含有率和电流的谐波畸变率降低。

4.4.2 采用功率因数校正技术

功率因数校正技术是目前为消除高频开关电源系统的广泛使用所导致的电网谐波污染问题而普遍采用的方法之一。在充电机的前端输入部分加装功率因数校正环节可以有效提高网侧的功率因数，减小无功损耗。功率因数校正技术又分为无源功率因数校正与有源功率因数校正两种。

(1) 无源功率因数校正

无源装置的优点是电路结构比较简单，不需要相关的控制部分；缺点是体积通常较大，并且功率因数的校正效果一般，只能到 0.8 左右，性能并不算优异，而谐波含量通常也只能降至 50% 左右，效果不是十分理想。

(2) 有源功率因数校正

有源功率因数校正技术是一种应用广泛、具有很好效果的谐波抑制和无功补偿方法，可以把功率因数校正至 0.995 的理想数值，并且还可以将谐波含量降至 5% 以下，具有十分良好的效果。该技术利用在电力电子设备的二极管不控整流电路和功率变换部分加装功率因数校正环节，虽然增加了系统电路的复杂程度，但可以使网侧输入电压和电流保持同相位，达到单位功率因数运行，从而可以使单台充电机输入侧的功率因数达到很高的数值及降低谐波电流的含量。

该技术一般采用升压（Boost）电路和电压、电流双闭环控制的方法，其中的电压环用以稳定输出电压，电流环则使电流跟踪电网的正弦波形。

尽管采用有源功率因数校正技术比无源方式更为有效，但在经过深入的分析及比较后，也应该看到当前的有源功率因数校正技术还存在以下不足：

① 由于功率因数校正部分和整个系统的电源功率变换部分串接在一起，有源功率因数校正环节处理的是系统的全部功率，由此造成功率因数校正部分的功率等级提高，所选元件的功率等级也必须很高，造成设备体积和成本增加，同时也会使功率损耗增加；

② 增加了系统主电路拓扑结构及控制方法的复杂性，其成本也较高；

③ 一旦有源功率因数校正环节损坏，整个系统将无法工作，从而使整个装置运行的可靠性降低。

目前仅有单相有源功率因数校正技术达到成熟并广泛应用，而三相有源功率因数校正的理论还不成熟及完善，所以其应用也相应受到限制，仍是电力电子学领域有待解决的一个难点。

(3) 三相供电的电源设备整流和功率因数校正方案的选用

在单相交流系统中，功率因数校正技术已较成熟并且实现了商品化，系统的功率因数可达 0.99 以上。但是在使用三相供电的电源设备中，情况则有所不同。对于功率等级高、造价高的设备，采用三相全桥开关整流器能够获得很好的输入电流波形及很高的功率因数，费用也处于能够接受的范围。但对于一般的设备或者电源系统而言，采用六个开关管的方案却常常由于存在利弊参半的情况而放弃，主要原因有：

① 增加了电路拓扑及控制电路的复杂性；

② 增大了整个设备的损耗；

③ 增加了设备成本；

④ 降低了整个装置的可靠性。

所以对于功率等级低、造价低的设备，采用全控型开关器件组成的三相全桥 PWM 整流器尽管能取得良好的效果，但却使控制的难度和系统的成本增加了，往往不具备可行性。而具有造价低、可靠及高功率因数的商品化三相功率因数校正电路目前还没有成熟的方案可供选择。当前三相有源功率因数校正技术有待进一步研究及开发。

为此，可以考虑采用另一种谐波抑制方案，也就是增加一个与所有负载并联于输入电压母线上的有源滤波模块，这种方案的优点有：

① 电路拓扑和控制电路的复杂性仅局限于有源滤波模块，其他高频开关整流模块可以采用较简单的无源滤波方案；

② 系统仅使有源滤波模块的损耗增加，而其他整流模块并未增加任何额外的损耗；

③ 整个系统的可靠性未降低，当有源滤波模块损坏，退出运行时，仅使注入系统的谐波和无功功率无法得到补偿，并不会影响其他整流模块的工作；

④ 可以使系统具有比目前所采用的方法高得多的功率因数和更好的输入波形，对电网的污染也更少；

⑤ 与功率因数校正环节需要处理系统全部的功率不同，采用该方案需要处理的功率仅占总功率的 20%。

4.4.3 采用 PWM 整流器来获得直流母线电压

采用 PWM 整流电路来获得直流母线电压的充电机具有注入电网侧的谐波电流比较小、输入波形更接近正弦波、电流总畸变率可以降到 5% 以下及无需加装滤波装置等优点，同时还可以实现网侧功率因数高、输出纹波小、系统动态性能好及电能变换效率高等优越特性。此外，因为这种充电机采用了高频开关控制策略，从而能够有效地减小装置的体积，所以是目前整流装置的发展及应用趋势。PWM 整流器的缺点为结构较复杂，控制难度大，而且成本也较高。

4.4.4 采用静止无功补偿技术

鉴于无源（LC）滤波器存在阻抗固定、不能跟踪负载无功需求的变化及无法实施动态补偿无功功率等不足，提出了固定电容器与晶闸管控制电抗器相结合的静止无功补偿技术，并已广泛用于长距离输电的分段补偿与大功率负载的无功补偿。但静止无功补偿技术也有不足：

① 需要大容量的电抗器及电容器等储能元件，装置的体积、能耗和制造成本均很大；

② 仅能补偿无功功率，不能抑制谐波；

③ 因为采用相控方法，在动态调节基波无功功率的同时，装置本身也产生大量的谐波；

④ 因为静止无功补偿技术存在上述的缺点，所以其使用受到很大限制，目前主要用于大型电网等领域。

4.4.5 充电站电力滤波器

对电动汽车充电站进行谐波抑制和无功补偿还可采用安装无源/有源电力滤波器的方法，也就是在电网侧加装电力滤波器以减少注入电网的谐波含量。由于无须考虑负载电力电子设备的特性就能有效抑制谐波，所以得到广泛应用。

(1) 电力滤波器的类型

① 无源电力滤波器（LC）。无源滤波技术为普遍使用的一种谐波治理和无功补偿方法，由起无功补偿作用的电容 C 和起平滑电流作用的电感 L 组成谐振网络，接在电网电源与二极管整流桥之间，既可以防止非线性负载产生的谐波注入电网，又可补偿无功损耗。

a. 特点。无源电力滤波器和需要补偿的非线性负载并联起来使用，分为单调谐及高通型两种，都由电感、电容和电阻元件构成一定的回路，当其中电感和电容的谐振频率与某次谐波电流的频率相同时，就形成了对此次谐波的低阻抗通路，使其流经这一回路而无法流入电网，从而避免对电网造成谐波污染。

b. 优点。无源电力滤波器主要用于滤除 5 次、7 次及 11 次等低次谐波，具有结构简单、成本低、相关的技术比较成熟、运行可靠及维护方便等优点，成为当前电力设备中普遍采用的谐波抑制方法。与此同时，该装置也可以补偿无功损耗。

c. 缺点。

ⓐ 滤波效果很容易受电网参数、环境温度、负载、电压频率及电路中滤波电容等系统参数变化的影响；

ⓑ 容易和电网阻抗产生串联或并联谐振，对某些次数的谐波有放大的可能，造成电容器承受过大电压，造成其发热甚至烧毁，给电网带来一定的安全隐患；

ⓒ 仅能补偿固定不变的无功功率，对变化的无功功率不能进行精确的补偿，无法实现动态补偿；

ⓓ 仅能进行静态谐波补偿，并且补偿效果受负载变化的影响较大，不能进行动态补偿；

ⓔ 滤波器的体积及重量较大，在大功率场合应用时，成本比较高；

ⓕ 一组无源（LC）滤波器仅可以补偿某一单次谐波，当需要补偿多个不同次数的谐波时，需要投入多组无源（LC）滤波器。

由于无源滤波器（LC）存在上述的缺点，所以其进一步的发展和应用也受到限制。

② 有源电力滤波器。有源滤波技术是近年来获得广泛重视和研究的一种谐波抑制及无功补偿技术，能够很好地实现动态补偿谐波和无功电流的功能，但缺点有控制难度大、电路结构复杂、功率损耗多及造价高昂等。

三相有源滤波器采用功率半导体开关器件，包括检测电路、驱动电路、控制电路、主电路及各级保护电路等部分，其工作原理如图 4-14 所示。首先通过检测电路检测出电力电子设备产生的谐波及无功电流信号，然后将其反极性后通过控制电路产生出相应的控制信号，控制信号在被送入驱动电路进行隔离及放大后，再被送入主电路，用来控制主电路各功率管的开通及关断，使其产生与检测到的谐波和无功电流大小相等但相位相反的补偿电流并注入电网，以期与负载产生的谐波和无功功率相互抵消，从而导致电网电流只包含基波的有功分量，也就是与电压同相位，从而达到谐波抑制和无功补偿的目的。若有源滤波器仅用来抑制负载产生的谐波电流时，可以首先通过检测电路检测出负载电流中的谐波电流分量，然后在控制电路中将其反极性后作为控制信号并送入驱动电路，再通过驱动电路产生驱动信号对主

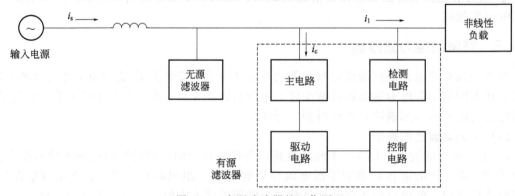

图 4-14 有源滤波器的工作原理

i_s—电源电流；i_1—负载电流；i_c—有源滤波器的补偿电流

电路上的开关功率管进行控制，使其产生和检测到的谐波电流分量大小相等但极性相反的电流注入电网，通过两者的相互抵消使电网中的电流只包含基波电流的分量（即正弦波），达到抑制谐波电流的目的。

为进一步说明有源滤波器的工作原理和过程，可以对图 4-14 所示的有源滤波器电路进行计算机仿真，仿真参数有：

a. 三相输入电压为 110V，负载由三相二极管整流桥和电感、电容以及电阻组成，其中电感为 0.3mH，电容为 0.47mF，电阻为 0.5Ω；

b. 有源滤波器的主电路功率开关管采用 IGBT，其开关频率是 10kHz。

如图 4-15～图 4-17 所示为仿真结果。如图 4-15(a) 所示，在有源滤波器没有进行补偿前，尽管输入电压为正弦波，但因为负载为非线性，仍造成了电流畸变严重，呈非线性波形；对该电流波形做快速傅里叶变换，进行频谱分析，其结果如图 4-15(b) 所示。由图 4-15(b) 可以看出，系统包含多次谐波，主要有 5 次、7 次以及 11 次等。当有源滤波器投入工作后，可以看到电源电流波形的畸变得到了有效抑制，基本接近于如图 4-16(a) 所示的正弦曲线，对此波形也做快速傅里叶变换，进行频谱分析，结果如图 4-16(b) 所示。从图 4-16(b) 能够看出，电流中的谐波已基本消除。如图 4-17 所示为有源滤波器产生的补偿电流的波形。

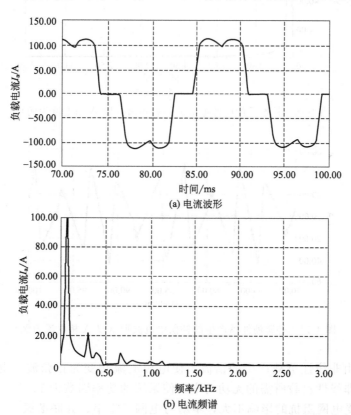

图 4-15 补偿前的电源电流波形和频谱（以 A 相电流为例）

相比于无源电力滤波方式，有源滤波技术正在得到越来越多的重视，并且有了长足的发展，这主要在于有源滤波技术在谐波抑制与无功补偿方面具有的许多优越特性，这些特性主要表现在以下几个方面：

a. 具有动态谐波补偿功能，补偿响应快，可以根据负载变化实时补偿频率和幅值都在变化的谐波及无功电流；

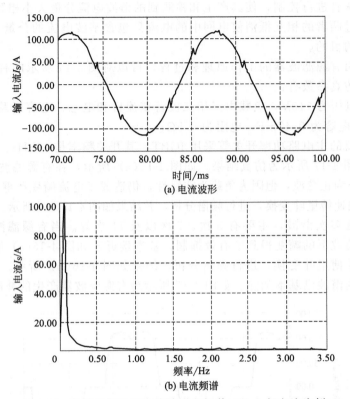

图 4-16 补偿后的电源电流波形和频谱（以 A 相电流为例）

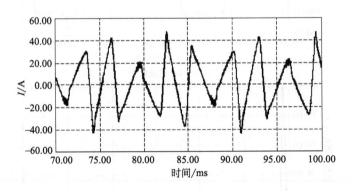

图 4-17 有源滤波器产生的补偿电流波形（以 A 相电流为例）

b. 既可抑制由非线性负载产生的谐波，使电源电流转变为正弦波，也能够进行无功功率的补偿，提供非线性负载所需的无功功率，使系统的功率因数为 1；

c. 补偿效果受电网阻抗的影响不大，不易与电网产生串、并联谐振；

d. 与采用无源滤波器或者有源功率因数校正技术时需要处理系统的全部功率不同，有源滤波器根据不同的补偿需要，只需处理系统的部分功率，所以相对于系统功率而言，有源滤波器可以采用较小的功率级别，降低功率损耗和成本；

e. 主电路可选用容量相对比较小的储能元件（电感或电容）；

f. 不会受到系统运行方式的影响，即使出现负载电流过大的情况，有源滤波器也不会发生过载或损坏，仍可以正常工作；

g. 可使系统获得比目前所采用的其他功率因数校正方法高得多的功率因数及更好的输入波形,且对电网的污染也更少。

(2) 有源滤波技术分析

随着有源滤波技术研究的发展,相关的研究人员已提出针对应用功率场合、补偿负载的情况及想要达到的补偿目的等不同,可以采用不同的控制策略和多种电路拓扑结构。

① 有源滤波器的控制策略。作为整个有源滤波器的核心,控制部分对谐波抑制和无功补偿的效果十分重要,它包含谐波检测方法与控制策略,也就是将检测电路获得的有关信息按照适当的控制策略生成相应的控制信号,再送到驱动电路产生驱动信号来控制主电路中功率开关管的通断。

目前采用的有源滤波器控制方法可分为开环控制与闭环控制两大类,具体特点见表4-5。

表4-5 有源滤波器控制方法的特点

方式	特点
开环控制	该控制方法利用检测负载电流获得其中的谐波电流分量,然后通过主电路将大小相等但极性相反的补偿电流注入电源系统,用于抑制大部分的谐波和补偿已知的无功电流分量。该模式下系统并不需要对补偿效果进行检查。所以,这种方法其实也是传统的谐波抑制技术中的一种 其他类似的控制方法还包括三次谐波注入法、开关型无功滤波技术、谐波抵消法以及已知固定负载谐波的控制法等
闭环控制	与开环控制方法相对,闭环控制利用一个反馈回路随时检查被控制变量的值,并将结果反馈到控制系统,以便随时对控制过程进行校正,使被控制的变量始终跟踪设定值。所以,闭环控制方法能够更精确地对谐波和无功损耗进行补偿。目前的有源滤波器为了提高性能而采用的新型控制策略几乎都是闭环控制,如利用微处理器或数字信号处理器(DSP)等实施的控制方法。常用的闭环控制方法为电容电压控制法,一般用于单相或三相电压源型有源滤波器中。在该方案中,主电路逆变器的直流侧含有一个电容,而控制的目的就是使此电容两端的电压保持在一个固定值。其理论依据为:由于电容值一般选取得较大,所以其可以看作是一个电压源,并通过一个起平滑滤波作用的电感和主电源相连,从而直接控制电流波形,而流经电感的电流由普通PWM控制技术控制。系统在稳态时,有源滤波器不损耗有功功率,只有当负载发生突变或电源电压变化时,才需要消耗或者提供有功功率,所以,有源滤波器的主电路时而工作在整流模式,时而工作在逆变模式,其直流侧的电容既消耗电源电能,又向电源回馈电能,电容所存储的能量总是在变化,所以电容两端的电压呈现出波动的特征。为了使电容电压在可接受的范围内波动,可选择一个参考电压值,并以实际电容电压与这个参考电压的差作为一个控制信号,然后该控制信号被添加到其他电流控制信号中,一同组成对整个有源滤波器系统的控制信号。目前,采用这种控制方法的有源滤波器已十分普及

② 有源滤波器的电路拓扑结构。按照不同的划分依据,有源滤波器的电路拓扑结构可以有多种类型。

a. 根据主电路拓扑结构的不同,有源滤波器可分为电压源型与电流源型两种(表4-6)。

表4-6 按主电路拓扑结构分类

类型	特点	电路图
电压源型	电压源型有源滤波器的主电路直流侧的储能元件为电容,构成电压反馈型PWM逆变器结构,如右图所示。由于该电容的数值通常选得较大,正常运行时,其上的电压基本保持不变,所以可将其看作是一个电压源。这种有源滤波器交流侧的输出电压是PWM波形,常用于补偿电感性的负载等场合,具有体积小、成本低及可采用多级化方式提高对高功率、大容量负载的谐波抑制和无功补偿效果等优点,所以获得了广泛的应用。电压源型有源滤波器的不足之处为当主电路同一桥臂上的两个功率开关管同时导通时,会造成短路事故,所以对器件的性能和控制的稳定性都有很高的要求	i_{ca} i_{cb} i_{cc} u_{DC} 电压源型有源滤波器的主电路

续表

类型	特点	电路图
电流源型	电流源型有源滤波器的主电路直流侧的储能元件为电感，构成电流反馈型 PWM 逆变器结构，如右图所示。由于该电感的数值通常选得较大，正常运行时，流过其中的电流基本保持不变，所以可以看作是一个电流源。这种有源滤波器交流侧的输出电流是 PWM 波形，常用于补偿电容性的负载等场合。尽管和电压源型有源滤波器相比，电流源型有源滤波器具有不会由于主电路同一桥臂上的两个功率开关管同时导通而发生短路事故的优点，但由于其直流侧大电感上始终有电流流过，产生的损耗较大，所以，目前较少使用	电流源型有源滤波器的主电路（i_{ca}、i_{cb}、i_{cc}、i_{DC}）

b. 根据接入电网方式的不同，有源滤波器还可以分为并联型与串联型两种（表 4-7）。

表 4-7　按接入电网方式分类

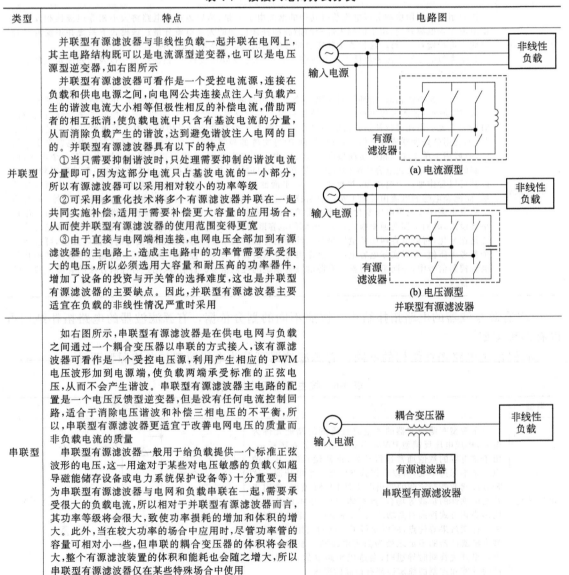

类型	特点	电路图
并联型	并联型有源滤波器与非线性负载一起并联在电网上，其主电路结构既可以是电流源型逆变器，也可以是电压源型逆变器，如右图所示。 并联型有源滤波器可看作是一个受控电流源，连接在负载和供电电源之间，向电网公共连接点注入与负载产生的谐波电流大小相等但极性相反的补偿电流，借助两者的相互抵消，使负载电流中只含有基波电流的分量，从而消除负载产生的谐波，达到避免谐波注入电网的目的。并联型有源滤波器具有以下的特点 ①当只需要抑制谐波电流时，只处理需要抑制的谐波电流分量即可，因为这部分电流只占基波电流的一小部分，所以有源滤波器可以采用相对较小的功率等级 ②可采用多重化技术将多个有源滤波器并联在一起共同实施补偿，适用于需要补偿更大容量的应用场合，从而使并联型有源滤波器的使用范围变得更宽 ③由于直接与电网端相连接，电网电压全部加到有源滤波器的主电路上，造成主电路中的功率管需要承受很大的电压，所以必须选用大容量和耐压高的功率器件，增加了设备的投资与开关管的选择难度，这也是并联型有源滤波器的主要缺点。因此，并联型有源滤波器主要适宜在负载的非线性情况严重时采用	(a) 电流源型 (b) 电压源型 并联型有源滤波器
串联型	如右图所示，串联型有源滤波器是在供电电网与负载之间通过一个耦合变压器以串联的方式接入，该有源滤波器可看作是一个受控电压源，利用产生相应的 PWM 电压波形加到电源端，使负载两端承受标准的正弦电压，从而不会产生谐波。串联型有源滤波器主电路的配置是一个电压反馈型逆变器，但是没有任何电流控制回路，适合于消除电压谐波和补偿三相电压的不平衡，所以，串联型有源滤波器更适宜于改善电网电压的质量而非负载电流的质量 串联型有源滤波器一般用于给负载提供一个标准正弦波形的电压，这一用途对于某些对电压敏感的负载（如超导磁能储存设备或电力系统保护设备等）十分重要。因为串联型有源滤波器与电网和负载串联在一起，需要承受很大的负载电流，所以相对于并联型有源滤波器而言，其功率等级将会很大，致使功率损耗的增加和体积的增大。此外，当在较大功率的场合中应用时，尽管功率管的容量可相对小一些，但串联的耦合变压器的体积将会很大，整个有源滤波装置的体积和能耗也会随之增大，所以串联型有源滤波器仅在某些特殊场合中使用	串联型有源滤波器

通过对以上各有源滤波技术的分析，可以得到以下结论。

a. 目前，由于电流源型有源滤波器和以串联方式接入电网的有源滤波器存在功率损耗较大及体积也相对庞大的缺点，限制了其使用范围，所以很少使用。实际投入使用的有源滤波器的电路结构主要为电压源型，接入电网的方式主要是并联型。

b. 在有源滤波器对于谐波及无功电流的检测方法中，一些方法尽管简单易行，但存在精度差、延迟时间长的缺点，不利于有源滤波器实时、有效地工作；而另一些检测方法虽然具有精度高及延迟时间短的优点，但缺点为检测电路复杂、计算量大、对硬件条件的要求高，所以成本也较高。

c. 虽然多数有源滤波器采用的控制方法具有控制精确、鲁棒性好和稳定性高等优点，但存在对硬件条件要求高、电路复杂及不易实施等不足，增加了控制的难度及费用。

d. 现有的有源滤波器仍存在功率等级高、损耗大及成本高等缺点，尤其是对中小功率的负载，还需要设计合理和性价比可接受的方案。

(3) 充电站电力滤波器的设计

虽然单独使用并联型或串联型有源电力滤波器就能够达到动态跟踪和实时补偿谐波及无功功率的目的，且具有很好的效果，但存在的缺点有系统控制复杂、成本高及功率等级大等，无法提供一个可接受的且性价比合理的方案，所以其应用受到限制。无源电力滤波器具有成本低、使用方便的优点，但缺点是体积大，无法快速补偿因负载变化所引起的变化的谐波，难以达到满意的补偿效果。基于上述原因，可以考虑采用混合型有源滤波器，也就是将有源滤波器与无源滤波器组合使用，此时由于可把其中的有源滤波器设计成不再承担所有的谐波和无功补偿任务，因而可以使大功率开关管的能量损耗降低，而无源滤波器则用来消除负载中其余的谐波电流。由此可见，采用该方案能够有效减少有源滤波器的功率等级和成本，为大功率电力电子设备提供良好的性价比及实际可行的谐波抑制和无功补偿解决方案。所以混合型有源滤波器已成为目前首选的有源滤波器的结构类型。一种得到广泛应用的混合型有源滤波器的工作原理如图 4-18 所示，其结构是在并联型有源滤波器旁再并联一组无源滤波器。

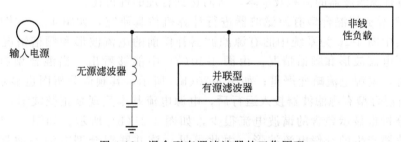

图 4-18　混合型有源滤波器的工作原理

如图 4-19 所示为混合型有源滤波器的电路拓扑。其中，非线性负载由一个三相二极管桥式整流电路加电感、电容以及电阻组成，混合型有源滤波器主电路中的功率开关管选用 IGBT，采用 PWM 电流控制技术，输入电压为 110V，开关频率是 10kHz。

因为电动汽车充电站的功率等级不大，并且负载因蓄电池的投切而随时发生变化，所以可考虑采用图 4-18 所示的混合型电力滤波拓扑，也就是由一个电压源型有源滤波器和一组高通型无源滤波器分别与负载并联在配电变压器的 0.4kV 侧，电压源型有源滤波器主要用于滤除次数低但所占比重大的谐波。由于具有动态响应速度快，跟踪精度高，补偿效果受负载变化影响小，以及能够补偿充电站内由于充电机投切数量发生变化时产生的变化了的谐波

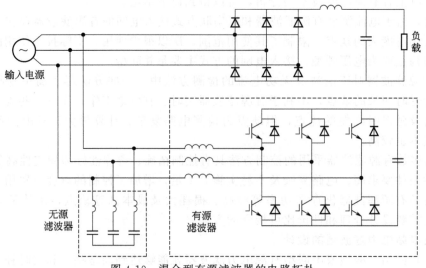

图 4-19 混合型有源滤波器的电路拓扑

部分等优点,所以能有效抑制充电机所引起的谐波污染,并且不需要很大的功率等级。无源滤波部分不承担谐波抑制与无功补偿的任务,仅用来消除有源滤波器开关频率附近的高次谐波成分,改善补偿效果。因为这部分谐波阶次高、幅值小,所以,只需要一组高通型无源滤波器就能够很容易地滤除,并且其体积可以很小。

由此可见,该方案能结合两种滤波器的优点,不仅具有良好的谐波抑制及无功补偿效果,确保用户在高峰负荷时变压器高压侧的功率因数不低于 0.95,还可以减小整个滤波装置的体积和成本。该方案中的有源滤波器并不用于补偿无功功率,其主要有两方面的原因:一方面,动态响应虽慢但基本可以满足要求的无功功率补偿设备已经很成熟,并且价格低廉,易于购买;另一方面,因为装置中的有源滤波器只负责抑制谐波电流,只需检测负载电流中的谐波电流成分即可,所以可采用简便的检测方法,减小电路的复杂性。这样就能够降低整个混合型有源滤波器的体积及成本,从而达到合理的性价比。

对图 4-18 所示的混合型有源滤波器进行计算机仿真研究,如图 4-20 和图 4-21 所示为仿真结果。其中图 4-20 为系统中的有源滤波器补偿前的电流波形和频谱情况,图 4-21 是补偿后的电源电流波形和频谱情况。由图 4-20(a) 中能够看出,当混合型有源滤波器没有投入运行时,电源电流畸变严重;如图 4-20(b) 所示,其频谱分析图也显示包含的谐波电流较多。当混合型有源滤波器投入运行后,电源电流基本呈现是正弦波形,如图 4-21(a) 所示;频谱分析也显示包含的谐波电流很少,如图 4-21(b) 所示。如图 4-22 所示为该混合型有源滤波器产生的补偿电流波形。由此可见,该并联混合型有源滤波器具有很好的谐波抑制效果。

为了说明该混合型有源滤波器中无源滤波部分所起到的不可或缺的作用,以下设计了另外一组试验。在该试验中,利用大幅减小电网阻抗中的等效电感,使其不能起到一个一阶无源滤波器的作用,且不采取其他滤波措施(如二阶无源 IC 滤波器或有源滤波器等)时,由非线性负载产生的谐波引起的电网电流波形的畸变情况如图 4-23(a) 所示。由图 4-23(a) 可以看出,此时的电网电流不仅不是正弦波,而且还含有许多高次谐波,对其所做的频谱分析也证明了这一点,频谱分析的结果如图 4-23(b) 所示。在上述情况下,若仅采用有源滤波器而不使用二阶高通型无源(LC)滤波器,虽然补偿后的电网电流基本呈正弦波形,但由于存在大量高频开关产生的高次谐波成分,造成很多"毛刺",如图 4-24(a) 所示为其电流

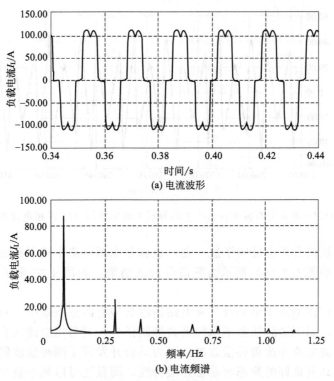

图 4-20 补偿前的电源电流波形及频谱（以 A 相电流为例）

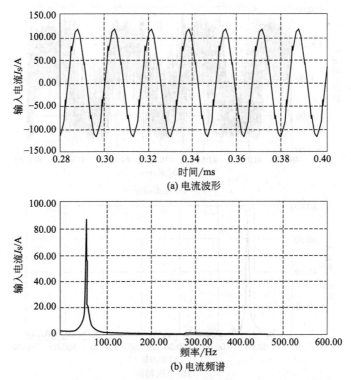

图 4-21 补偿后的电源电流波形及频谱（以 A 相电流为例）

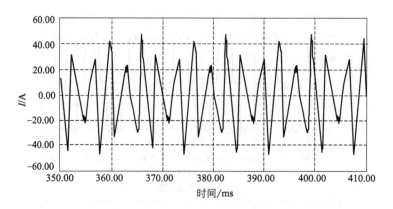

图 4-22 混合型有源滤波器产生的补偿电流的波形（以 A 相电流为例）

波形；对其所做的频谱分析也证明了这一点，也就是电源电流中除了基波电流分量外，还含有许多高次谐波，如图 4-24(b) 所示为频谱分析的结果。如图 4-25 所示为缺少无源滤波器时的补偿电流波形。

由以上可知，在该型用于电动汽车充电站的混合型有源滤波器中，有源滤波器承担了主要的谐波抑制任务，而无源滤波器不承担谐波抑制任务，只是用以滤除有源滤波器高频开关频率附近的高次谐波电流并改善补偿效果。因为结合并发挥了两种滤波器的优点，这种混合型有源滤波器不仅具有良好的静态与动态补偿特性，而且还可以减小整个装置的功率等级和体积，提高了性价比。

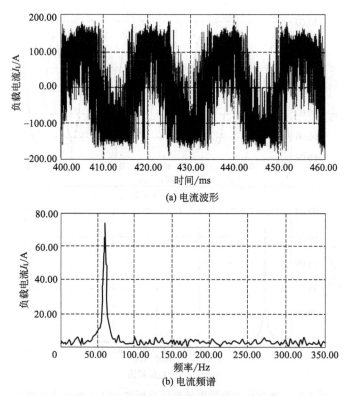

图 4-23 缺少无源滤波器时的补偿前的电源电流波形和频谱（以 A 相电流为例）

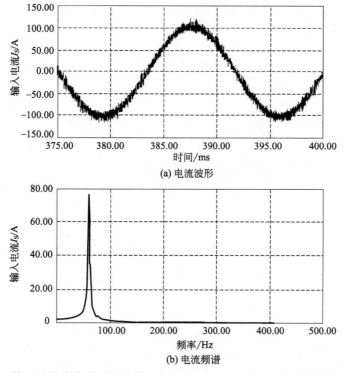

图 4-24　缺少无源滤波器时的补偿后的电源电流波形和频谱（以 A 相电流为例）

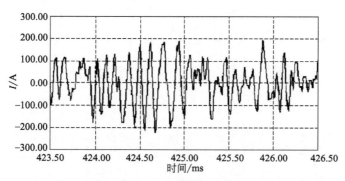

图 4-25　缺少无源滤波器时的补偿电流波形（以 A 相电流为例）

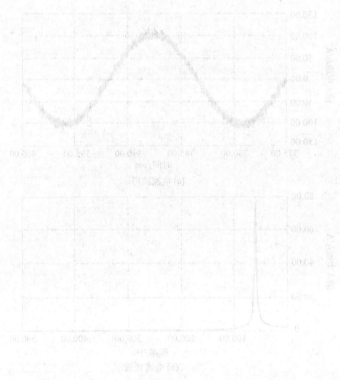

第 5 章
电动汽车充电站监控系统

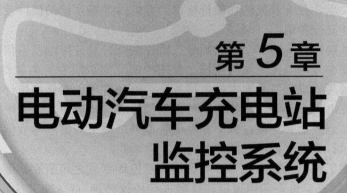

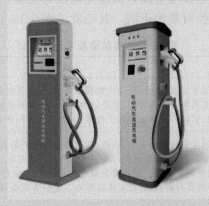

当前应用最普遍的电动汽车动力电池是锂离子电池。锂离子电池对充电的要求较高，如果充电过程控制不好，就可能导致动力电池永久性损坏，甚至出现起火、冒烟、爆炸等严重事故，对充电站的运行安全造成极大威胁。充电站监控系统能够实时监测电池及充电机的电流、电压等参数，并配合一定的控制功能，保证充电过程的安全。另外，电动汽车充电站作为保障电动汽车正常使用的能源基础服务设施，由于其构成设备数量多，有必要利用先进的信息技术实现其运行和管理自动化，使工作人员的劳动强度得到降低，提高充电站运行和管理水平。

充电站监控系统主要实现每个充电电池组的实时状态监测、充电机充电方式及相关参数控制，对电池更换设备、烟雾报警状态、配电设备以及安防设备等的监控功能，同时为网络调度等管理信息系统提供良好的数据接口。

5.1 充电站监控系统的构成及配置原则

充电站监控系统为整个充电站的监控、管理中心。充电站监控系统设计原则应遵循各项国家和行业标准，具有安全性、可靠性、实用性、开放性、扩展性、容错性，满足充电实际业务对实时性的要求，具有较高的性能价格比。充电站监控系统的硬件及软件配置应对后续充电站的扩展给予充分考虑。

充电站监控系统可以分为三个组成部分：监控主站、监控终端及通信网络。

监控主站为整个充电监控系统的监控、管理中心，完成所有充电机信息的采集和显示，充电机的控制和管理，以及整个充电站监控系统数据的管理、存储和统计。

监控终端（充电机）具有与监控主站的通信接口和与蓄电池管理系统的通信接口，负责采集充电机自身状态数据和充电过程中蓄电池管理系统传来的蓄电池数据，把数据传送至监控主站，接收并执行来自监控主站的控制命令。

通信网络实现了充电设备之间、充电设备与监控计算机之间的数据传输。在充电设备之间采用 CAN 协议，充电设备利用通信转换器进行协议转换（CAN-TCP），与监控计算机通信采用 TCP/IP，不仅提高了充电站监控系统的兼容性和适用性，而且保证了与其他系统的互联能力。

5.1.1 充电站监控系统的基本功能

电动汽车充电站监控系统主要完成对与充电设施有关的配电设备、充电设备、电池更换设备、安全防护设备的实时监控与管理，保证充电设施安全、可靠、高效地运行。

充电站监控系统根据监控对象的不同，其功能见表 5-1。

表 5-1 充电站监控系统的功能

功能	具体作用
配电监控	配电监控子系统用于完成配电网自动化数据采集、数据计算处理、保护信息处理、控制操作、事件报警以及向上级配电调度系统转发等功能；另外，配电监控对有源滤波和无功补偿装置进行实时监控，设置运行参数，采集其投、切前后电网谐波相关数据，了解当前电网的电能质量
充电监控	充电监控子系统的主要功能是采集、处理、存储来自直流充电机或交流充电桩的实时运行数据以及电动汽车动力电池的实时参数；获取电能计量表中的信息，对充电过程进行计费和联动控制；对充电机进行控制调节，与电池管理系统进行通信来获取电池的状态和运行信息；完成对充电事件的记录、报警的处理、充电设施的智能负荷调控、转到上级监控等。它们为充电设施以安全、可靠、经济的方式运行提供了有效保障 按照充电机配置方式的不同，可以把充电监控子系统的通信功能分为非车载充电机监控单元和电池管理系统之间的通信、车载充电机和交流充电桩之间的通信两类

续表

功能	具体作用
安全防护监控	安全防护监控子系统用于完成对充电站的视频监控以及对消防、门禁和周界安全的监控,当充电设施、配电系统或者其他人员设备发生预定事件或异常事件时,能够实时控制安全防护监控子系统,把现场情况传送回监控室,实现安全防护联动监控,使用户能够及时响应,保证人员与设备的安全
烟感监控	电动汽车内的电池管理系统可以检测电池单体及电池包的电压、电流和温度等信息。为了进一步保障电池包在充电过程中的安全性,避免自燃现象的发生,在电池充电架中安装了数量众多的烟雾感应器,用于探测锂离子动力电池因过充电造成电池自燃而释放出的烟雾。这些传感器接入充电站监控系统后,和充电监控功能(尤其是在电池管理系统失效时)一起保障电池充电的安全
换电监控	换电监控子系统主要对电池更换设备、电池箱以及充电架进行实时监控。根据电池箱的参数指标和充电情况发现需要更换电池的电动汽车,并为其动态选择电池成组配置方案,进而实时监控电池更换设备对每个电池箱的更换操作,确保安全完成电池更换
设备管理	充电站监控系统涉及类型众多的相关设备,对这些设备的管理及维护是监控系统不可缺少的功能。设备管理子系统主要完成配电设备、充电架、充电设备、电池、电池箱、电池更换设备、电动汽车等设备的台账管理、运行记录、维护更换记录等。其中,充电信息管理完成整车与电池组充电记录、充电设备运行数据的存储与统计分析;电池信息管理完成对电池组的型号参数、使用时间、电池组更换记录、电池成组记录、维护记录等信息的存储统计;车辆台账信息管理完成对车型配置信息、配备电池组型号参数、更换维护电池组的记录等信息的存储统计

5.1.2 充电站监控系统的基本要求

为满足充电站监控系统的各项功能,并保证充电站运行使用安全,充电站监控系统必须满足下列几项基本要求。

① 确保通过监控网络对充电机与监控系统间数据交换的实时性、准确性以及可靠性,并满足动力电池的安全要求。

② 系统局域网必须具有有效的防病毒措施,与其他信息系统互联时,必须采取可靠的安全隔离措施。

③ 监控主站设备应符合标准化要求,配置必须符合系统功能要求性能指标,具有一定的可扩展性,并且易于升级和维护。

④ 应具备充电站环境监控、设备安全、防火、防盗及视频监控等安全监控系统。

⑤ 应在发生危及安全的事件时发出声光报警,并保证发生事件后 1h 内传出详细事故信息。

⑥ 应对系统运行过程中所有发出的信号及操作记录进行存盘,至少保存 3 年,以便工作人员进行分析和查询。

5.1.3 充电站监控系统的基本构成

充电站监控系统是电动汽车充电站自动化系统的核心,其结构如图 5-1 所示,主要由充电监控后台、充电机控制系统、配电监控系统、计量计费系统、安防系统及通信管理机等组成。按照结构划分,系统可以分为站控层、通信层和采集/设备层,见表 5-2。

表 5-2 充电监控系统的结构及功能

结构	功能
站控层	主要包括数据服务器、前置通信服务器以及充电监控、配电监控、安全防护、计量计费工作站,主要完成数据的采集、处理、存储,图形化数据展示,以及遥控、负荷调控等控制功能
通信层	主要由通信管理机、数据集中器、安全防护服务器等组成,主要完成数据转发与控制命令的下达
采集/设备层	主要由充电机、充电桩、测控保护装置、安全防护设备等组成,实现原始数据采集、就地操作执行等功能

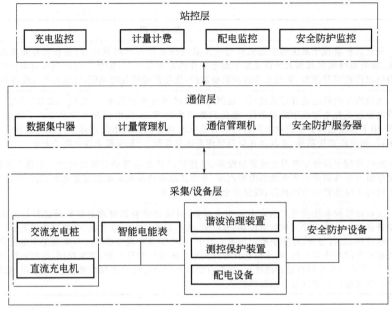

图 5-1 充电监控系统的结构

为实现多系统的充分集成及高度融合，系统采用分层融合方法，采集/设备层、通信层及站控层分别只对相关异构数据进行整合及模型转换，使异构数据融合的工作量以及层与层之间交互的信息量减少。借助对站内各类数据的特征分析，建立统一的信息模型，实现数据的一致性解释，实现充电监控系统、计量计费系统、配电监控系统以及安全防护监控系统之间的融合。

5.2 充电站监控系统的监控网络

5.2.1 充电站监控系统网络的结构

充电站监控系统的网络结构共有三层：第一层是充电站中央监控管理系统，包括数据服务器、Web 服务器以及监控主机等设备；第二层是配电监控、充电监控、烟雾监控以及视频监视 4 个子监控系统；第三层是现场智能设备。各子监控系统之间通过局域网和 TCP/IP 与中央监控管理系统连接，从而达到对整个充电站进行数据汇总、统计、故障显示以及监控的目的，如图 5-2 所示。

将上述第一层细分为系统平台层与支撑服务层，则充电站监控系统按照软件结构可以分为系统平台层、支撑服务层、公共服务层以及应用层 4 层，如图 5-3 及表 5-3 所示。

表 5-3 软件体系结构及功能

软件结构	功 能
系统平台层	为适应不同地区、不同用户的要求，电动汽车充电站监控系统的开发需兼容 Unix、Linux、Windows 等多种主流操作系统，支持跨平台与混合平台操作
支撑服务层	支撑服务层主要为系统提供实时、历史数据库服务和通用的网络通信支撑平台，通信平台应基于标准的网络互联协议（TCP/IP），以提高网络通信及多种操作系统平台数据交换的可靠性。在此基础上，提供统一的数据传输接口、数据库访问接口以及控制命令接口等，使上层的应用服务开发能够专注于业务功能的实现，而无需考虑底层的通信和交互细节

续表

软件结构	功　　能
公共服务层	公共服务层在支撑服务层的基础上实现了数据采集、事件服务、数据处理、插件管理、报表服务、图形平台、系统管理以及权限服务等。把各类行业应用的共性需求抽象出来，实现并提供统一的服务接口，由各个应用系统实现共享，以提高代码复用性，也为公用服务的开发维护提供便利
应用层	应用层主要是利用公共服务层提供的各类功能模块搭建出不同的应用系统，或通过插件服务来根据不同应用进行相关的功能扩展，最终实现不同业务数据的浏览、分析处理、报表统计、图形化展示以及控制交互操作等

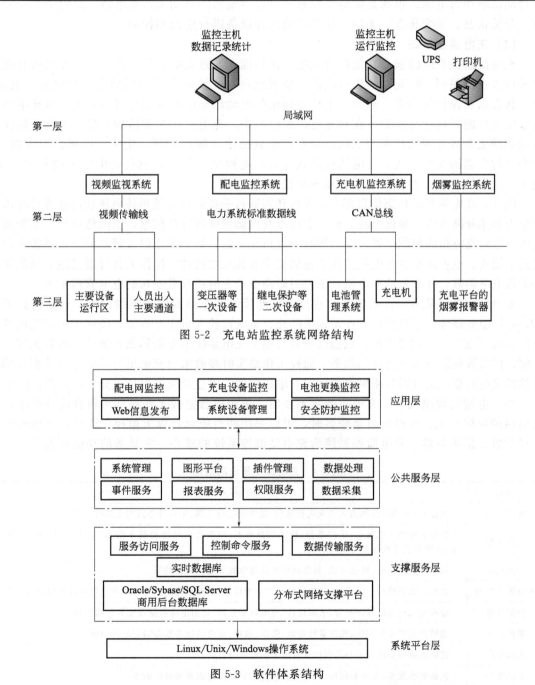

图 5-2　充电站监控系统网络结构

图 5-3　软件体系结构

5.2.2 充电站监控系统网络的功能

(1) 配电监控系统

配电监控系统利用以太网、串口等实现充电站供电系统信息的交换和管理，除实现一次开关设备、变压器等供电设备检测和控制，以及常规二次保护、控制、测量、信号等功能外，该系统和充电站中央监控管理系统通信，确保在充电系统出现故障时，配电监控系统能采取适当的措施进行安全处理。比如在充电机由于失控而不能停止充电时，配电监控系统将会自动切断动力电源。也就是配电监控系统可以对整站的总功率、总电量、总电流、功率因数、开关状态、主变状态、无功补偿及谐波治理设备进行监视和控制。

(2) 充电监控系统

充电站监控系统的核心功能即为充电监控功能，通过充电监控功能可以对充电桩和充电机进行监视及控制。对充电桩进行监控，监视充电桩交流输出接口的状态，如电流、电压、开关状态以及保护状态等；对与充电桩相连接的电动汽车的基本信息进行采集；对充电桩交流输出接口的开断进行控制。在对充电机的监控中，充电机作为被监控对象，上传给监控系统的数据主要分为两类：充电机状态信息，也就是输入输出电压、电流、电量、充电时间、功率因数、当前充电模式、充电机故障状态等；电池状态信息，也就是电池包的基本信息、电压、温度、故障状态以及电池管理系统设置信息等。

此外，在电池包的状态信息部分，系统还需通过采集到的电池单体电压和温度等计算出电池包内单体最高电压、最低电压、最高温度以及最低温度等统计信息，供限值统计、报警系统使用。它对充电机的控制主要包括：控制充电机充电的开始、停止以及紧急停止；调整充电机的充电模式，也就是根据充电机连接电池的类型及其充电特性，操作人员可通过图形画面调整各阶段充电参数，并下发给充电机；下发对时命令给充电机和其连接的电池管理系统。

充电监控系统是由一台或者多台通过网络连接的工作站或服务器组成的，包括监控工作站、数据服务器等。通过监控工作站提供的充、放电监控人机交互界面，能够实现对充电机的监控和数据收集、查询等工作；数据服务器对整个充电系统的原始数据及统计分析数据等进行存储，提供数据服务及其他应用服务。监控工作站实时接收来自充电机自身的运行数据和动力电池的充电数据，也可以利用网络通信对充电机启动、停止及充电电压、充电电流进行控制。

当充电站的规模较小、充电机数量不多时，采用单台监控工作站即可符合监控要求；当充电站的规模较大、充电机数量较多时，可以采用两台或两台以上监控工作站，并依据需要选择配置数据服务器。充电监控系统为充电站监控系统的核心，它具备的功能见表 5-4。

表 5-4 充电监控系统的功能

功能	执行方式
通信功能	通过 CAN 或以太网方式与充电机通信，能够通过以太网、串口等方式与上级进行通信
数据采集	对充电机的工作状态、运行参数、故障信息数据，以及动力电池的基本信息、电压、温度、SOC、充电量、故障信息等数据进行实时采集
控制功能	对充电机的启停、紧急停机、远方设定充放电参数等进行远程控制
充电模式控制	依照上级系统指令以及 BMS 提供的动力电池信息，对充电机的充电模式和充电运行参数进行调整
数据处理	能够完成充电机越限报警、故障统计、充电数据存储、动力电池数据存储等数据处理功能
事件记录	能够完成对事件顺序、充电运行参数、操作、故障、动力电池参数等的记录的功能
人机操作	能够完成画面的显示与操作以及对报表的管理与打印
系统维护	能够对数据库、界面和图形、系统参数进行维护以及完成系统自诊断等

（3）烟雾（火灾报警）监控系统

烟雾（火灾报警）监控系统主要监控充电架上的电池状态或者其他重要区域的设备状态。当动力电池或者其他设备发生冒烟、燃烧等危险时发出报警，并立即通知中央监控系统进行相应的安保处理。

为了保障电池充电安全，除了通过电池管理系统监视电池电压及温度外，还在电池充电架中安装了数量众多的烟雾传感器，用于探测锂离子动力电池由于过充导致电池自燃而释放出的烟雾。这些传感器接入充电站监控系统后，与充电监控功能（尤其是在电池管理系统失效时）一起保障电池充电的安全。

（4）视频监视（安防）系统

视频监视（安防）系统对整个充电站的主要设备及人员进行安全监视，利用摄像头、温湿度探测器、室外摄像头、门禁控制器等设备完成对站内设备与人员、站外环境的实时监控，并将意外情况及时传递给控制室，以便快速采取应对措施，避免发生重大事故。

（5）电池维护监控功能

在大型充电站中，对电池进行定期维护的工作需要利用专门的电池维护设备来完成。在维护过程中，系统把采集到的维护数据存入充电站监控系统数据库，形成电池的完整数据档案，以便于对电池进行整体评估。

（6）快速更换设备监控功能

如果充电站具备电池快速更换设备，就能够通过充电站监控系统对电池快速更换设备下发具体电池更换命令；快速更换设备收到命令之后，会在指定轨道位置更换电池架上指定位置的电池包。充电站监控系统可以采集到快速更换设备的当前轨道位置和设备状态等信息。

（7）数据交换与转发功能

充电站要与上级集中监控系统进行数据交互，上传本地实时信息和电池系统充电历史数据信息，以便对电池数据进行集中分析及评估。

5.2.3 充电站监控系统网络的设置模式

充电站监控系统网络的设置模式见表5-5。

表5-5 充电站监控系统网络的设置模式

电能供给方式	特点及适用范围	监控系统模式	图示
模式A	在住宅小区与车辆密集的商场、写字楼等现有的专用停车场安装一定数量的交流智能充电桩和少量的直流地面充电机。智能充电桩提供220V或者380V交流电源接口，而智能地面充电机则为电动汽车提供大功率的直流快充功能。该模式适用于小型纯电动汽车、PHEV等	监控系统结构如右图所示。监控系统的主要监控对象包括大量具备交流接口的充电桩和少量充电机，并和电动汽车进行部分信息交互，将相关数据上传给上级集中监控系统	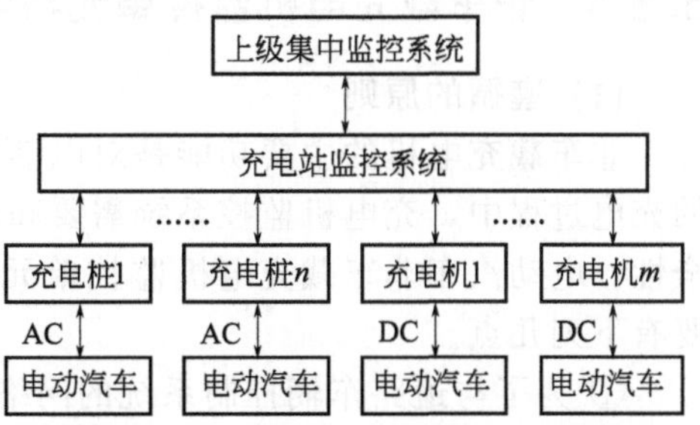 小区或商厦的专用停车场的充电站监控系统结构

续表

电能供给方式	特点及适用范围	监控系统模式	图示
模式 B	在专用停车场安装一定数量的智能地面充电机,直接连接电动汽车上的专用充电接口,利用便携式车载充电机为车载电池充电。该模式适用于具有专用停车场的车辆,如纯电动公交车和纯电动环卫车等	该建设模式下的监控系统结构如右图所示。大量的充电机和站内配电装置是被监控的对象,充电站监控系统需要采集电动汽车与电池模块充电过程中的数据,并与上级集中监控系统进行信息交互	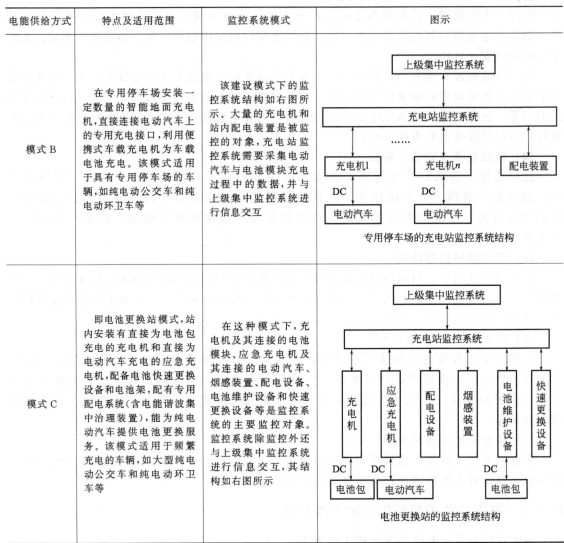
模式 C	即电池更换站模式,站内安装有直接为电池包充电的充电机和直接为电动汽车充电的应急充电机,配备电池快速更换设备和电池架,配有专用配电系统(含电能谐波集中治理装置),能为纯电动汽车提供电池更换服务。该模式适用于频繁充电的车辆,如大型纯电动公交车和纯电动环卫车等	在这种模式下,充电机及其连接的电池模块、应急充电机及其连接的电动汽车、烟感装置、配电设备、电池维护设备和快速更换设备等是监控系统的主要监控对象。监控系统除监控外还与上级集中监控系统进行信息交互,其结构如右图所示	

5.3 充电机监控单元与外界的通信协议

5.3.1 非车载充电机监控单元与电池管理系统的通信协议

(1) 遵循的原则

非车载充电机的主要功能是对电动汽车电池包进行快速充电。在非车载充电机对电池包的充电过程中,充电机监控系统需要和电动汽车 BMS 进行通信,以保证充电时的效率和安全性。电动汽车非车载充电机监控单元和电池管理系统(BMS)的通信协议遵循的原则主要有下列几点。

① 为了与道路车辆控制系统的网络兼容,在充电机监控单元和电动汽车 BMS 之间的通信系统中,采用 CAN 通信协议。

② 通信协议的物理层与数据链路层应符合 ISO 11898《道路车辆——控制器局域网

(CAN)》、SAE J1939《商用车控制系统局域网（CAN）通信协议》的规定。数据帧格式应遵循 1991 年 9 月发布的"CAN 总线 2.0B 版本"的规定。

③ 在充电过程中，充电机监控单元与车载 BMS 协同工作，检测电池的电压、电流以及温度等参数。BMS 通过充电控制算法决策出最佳充电过程的控制方案。

（2）网络拓扑架构

充电机监控单元和电动汽车 BMS 之间的通信网络由 CAN 总线构成，如图 5-4 所示为其网络拓扑结构。

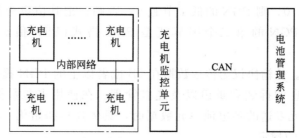

图 5-4　充电机与 BMS 之间的网络拓扑结构

（3）物理层

电动汽车充电机通信协议采用的通信物理层应符合国际标准 ISO 11898、SAE J1939-11《商用车控制系统局域网（CAN）通信协议——物理层》的规定。BMS 与充电机的通信使用独立于动力总成之外的 CAN 接口，位时间推荐采用 4μs，对应的位速率为 250kbit/s。

（4）数据链路层

数据链路层处于物理层与网络层之间。其功能是在物理层的基础上向网络层提供服务。充电机监控单元与 BMS 之间的数据帧格式应满足"CAN 总线 2.0B 版本"的规定。

① 帧格式。充电机监控单元和 BMS 之间通信协议的帧格式必须使用 CAN 扩展帧的 29bit 标识符。每个位分配的相应定义应符合 SAE J1939-21《商用车控制系统局域网（CAN）通信协议——数据链路层》的规定。

② 协议数据单元（PDU）。每个 CAN 数据帧包含一个单一的协议数据单元（Protocal Data Unit，PDU），见表 5-6。协议数据单元由 7 部分组成，分别为优先级、保留位、数据页、PDU 格式、特定 PDU 格式、源地址和数据域。

表 5-6　协议数据单元（PDU）

P	R	DP	PF	PS	SA	DATA
3	1	1	8	8	8	0~64

注：1. P 为优先级，从最高 0 设置到最低 7。
2. R 为保留位，为今后开发备用，设为 0。
3. DP 为数据页，用来选择参数组描述的辅助页，设为 0。
4. PF 为 PDU 格式，用来确定 PDU 的格式，以及数据域对应的参数组编号。
5. PS 为特定 PDU 格式，PS 值取决于 PDU 格式，采用 PDU1 格式时，PS 值为目标地址。
6. SA 为源地址，发送此报文的源地址。
7. DATA 为数据域，若给定参数组数据长度小于或等于 8B（字节），则按照 GB/T 27930—2015 第 9 章规定的报文长度进行传输；若给定参数组数据长度为 9~1785B 时，则数据传输需多个 CAN 数据帧，通过传输协议功能的连接管理能力来建立和关闭多包参数组的通信。
8. 本表第三行表示位数。

③ 协议数据单元格式。SAE J1939-21 定义了两种 PDU 格式：PDU1 格式与 PDU2 格式。PDU1 格式实现 CAN 数据帧定向到特定目标地址的传输；PDU2 格式仅用于不指向特定目标地址的传输。为充电机与 BMS 之间的点对点方式通信的安全性考虑，可以选用 PDU1 格式。

④ 参数组编号 (PGN)。参数组编号 (PGN) 为一个 24bit 的值，用来识别 CAN 数据帧的数据域属于哪个参数组，包括保留位、数据页位、PDU 格式域 (8bit) 以及组扩展域 (8bit)。

如果 PF 值小于 240，则 PGN 的低字节置 0，否则，把其值设为组扩展域的值。PDU 采用 PDU1 格式时，PGN 的第二个字节就是 PDU 格式 (PF) 值，高字节和低字节均为 00H。

⑤ 传输协议功能。传输协议为传送数据在 9B 或者以上的 PGN 提供的一种机制。传输协议功能可以分为消息的拆装和重组以及连接管理。在使用多包数据传输机制的数据为 BMS 向充电机监控单元发送的各电池单元数据时，具体连接初始化、数据传输以及连接关闭遵循 SAE J1939-21 的规定。

⑥ 网址的分配。网络地址的功能是确保消息标识符的唯一性以及表明消息的来源。充电机与 BMS 的地址固定在 ECU 的程序代码中，是不可配置地址，包括服务手段在内的任何手段均不能改变其源地址。充电机的首选分配地址是 229 (E5H)，而 BMS 的首选的分配地址为 244 (F4H)。

⑦ 消息类型。"CAN 总线 2.0B 版本"支持五种类型的消息，分别为命令、请求、广播/响应、确认和组功能。

在电动汽车充电机监控单元与 BMS 的通信协议中，最常使用的有两种，即请求及确认。具体定义遵循 SAE J1939-21 的规定。

(5) 应用层

① 应用层是充电机监控单元与 BMS 之间数据通信的核心。电动汽车充电机监控单元的通信协议应用层的定义主要遵循 SAE J1939-71《商用车控制系统局域网 (CAN) 通信协议——车辆应用层》，采用参数和参数组定义的形式。

② 采用 PGN (Parameter Group Number) 对参数组进行编号，各个节点根据 PGN 来识别数据包内容。

③ 使用"请求 PGN"来主动获取其他节点的参数组。

④ 采用周期发送和事件驱动的方式来发送数据。

⑤ 如果需发送多个 PGN 数据来实现一个功能，需同时收到该定义的多个 PGN 报文才能判断此功能发送成功。

⑥ 定义新的参数组时，如果有一些参数彼此功能相近，或是有相同或相近的刷新频率，或它们属于同一个子系统，则应将这类参数放在同一个参数组中；同时，新的参数组既要尽量把相关的参数放在同一个组内以充分利用 8B 的数据宽度，又要尽量预留出一部分字节或位，以便将来扩展时使用。

⑦ 在修改已定义的参数组时，已经定义的字节或者位的定义不应进行修改，新增加的参数要与参数组中原有的参数相关，不应为节省 PGN 的数量而把不相关的参数加入已定义的 PGN 中；对于功能相近的 ECU，应充分利用已定义参数，通过原来已定义的 PGN 中的未定义部分来增加识别位判断出 ECU 的功能。

5.3.2 车载充电机监控系统与交流充电桩的通信协议

(1) 总体流程

交流充电桩为车载充电机充电的通信过程包括充电握手阶段、充电配置阶段、充电阶段以及充电结束阶段，如图 5-5 所示为充电总体流程图。在各个阶段，如果交流充电桩和车载充电机没有在规定时间内收到对方的报文，就判定为超时。出现超时后，交流充电桩和车载充电机发送错误报文，并进入错误处理状态。这时，可重新进行物理连接并上电。

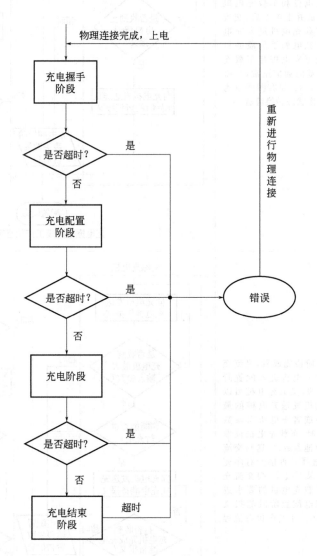

图 5-5 充电总体流程

(2) 充电各阶段的报文分类

充电各阶段的转换流程见表 5-7。

表 5-7 充电各阶段的转换流程

阶段	转换流程	图示
充电握手阶段	当交流充电桩和车载充电机物理连接完成并上电之后，交流充电桩和车载充电机进入充电握手阶段。充电握手阶段的目的是确定交流充电桩与车载充电机之间的双向通信正常，其报文分类见表 5-8。如右图所示为该阶段的工作状态转换流程	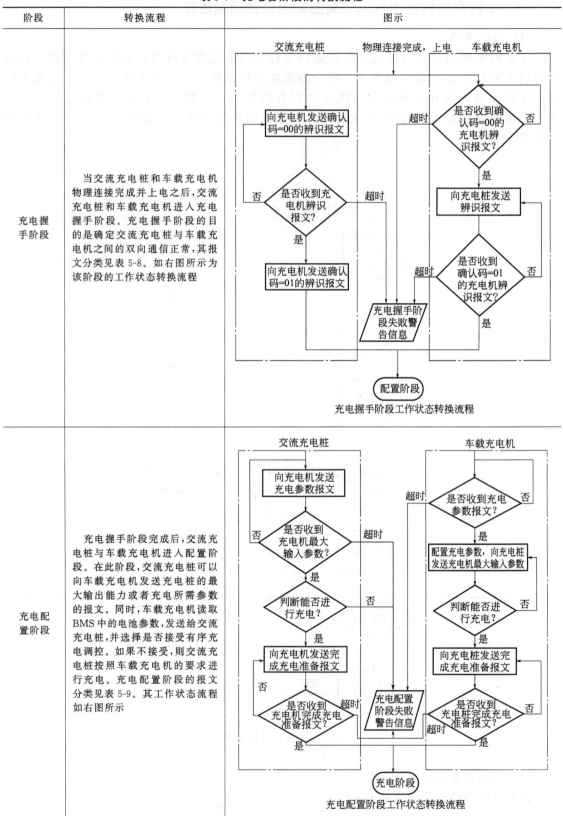
充电配置阶段	充电握手阶段完成后，交流充电桩与车载充电机进入配置阶段。在此阶段，交流充电桩可以向车载充电机发送充电桩的最大输出能力或者充电所需参数的报文。同时，车载充电机读取 BMS 中的电池参数，发送给交流充电桩，并选择是否接受有序充电调控。如果不接受，则交流充电桩按照车载充电机的要求进行充电。充电配置阶段的报文分类见表 5-9。其工作状态流程如右图所示	

续表

阶段	转换流程	图示
充电阶段	充电配置阶段完成之后,就进入充电阶段。在此阶段,交流充电桩向车载充电机发送实时的充电电流、电压、功率等信息。若车载充电机接受有序充电调控,车载充电机将根据交流充电桩发送的实时功率进行调整,以弱化充电过程对电网的影响。在充电过程中,充电机将车载电池 SOC 信息和故障信息发送给交流充电桩。 交流充电桩决定是否停止充电的条件主要有:电网有序充电要求,充电过程是否正常,是否达到人为设定的时间或者电量,当收到车载充电机终止充电报文时也将结束充电。充电阶段报文分类表见表 5-10。其工作状态转换流程如右图所示	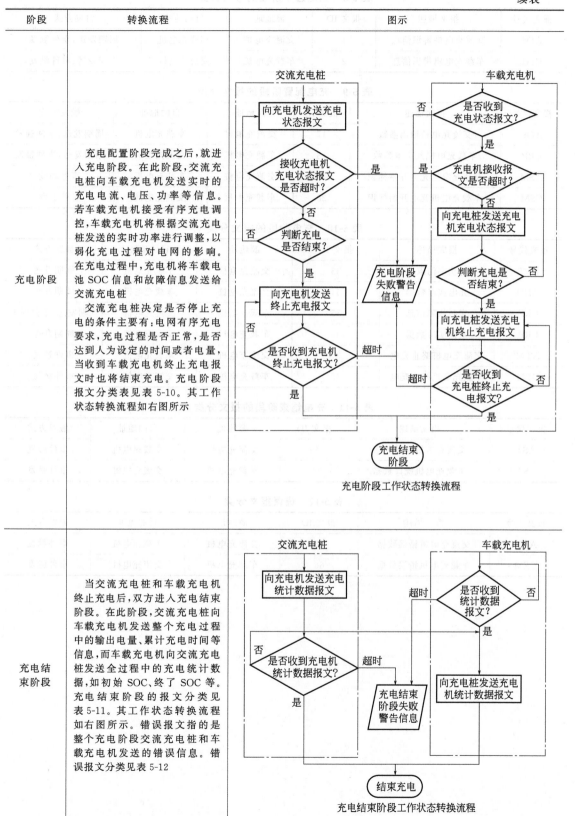 充电阶段工作状态转换流程
充电结束阶段	当交流充电桩和车载充电机终止充电后,双方进入充电结束阶段。在此阶段,交流充电桩向车载充电机发送整个充电过程中的输出电量、累计充电时间等信息,而车载充电机向交流充电桩发送全过程中的充电统计数据,如初始 SOC、终了 SOC 等。充电结束阶段的报文分类见表 5-11。其工作状态转换流程如右图所示。错误报文指的是整个充电阶段交流充电桩和车载充电机发送的错误信息。错误报文分类见表 5-12	充电结束阶段工作状态转换流程

表 5-8 充电握手阶段的报文分类

报文代号	报文描述	报文 ID	源地址	目的地址	触发方式
AIM	交流充电桩辨识信息	1	交流充电桩	车载充电机	周期发送,事件触发
CIM	车载充电机辨识信息	2	车载充电机	交流充电桩	周期发送,事件触发

表 5-9 充电配置阶段的报文分类

报文代号	报文描述	报文 ID	源地址	目的地址	触发方式
AOP	交流充电桩输出参数	17	交流充电桩	车载充电机	周期发送,事件触发
CBP	车载充电机及电池参数	18	车载充电机	交流充电桩	周期发送,事件触发
ASM	交流充电桩充电开始标识	19	交流充电桩	车载充电机	事件触发
CSM	车载充电机充电开始标识	20	车载充电机	交流充电桩	事件触发

表 5-10 充电阶段的报文分类

报文代号	报文描述	报文 ID	源地址	目的地址	触发方式
APT	实时功率门限信息	33	交流充电桩	车载充电机	周期发送
ARD	充电实时数据	34	交流充电桩	车载充电机	周期发送
CRF	实时故障信息	35	车载充电机	交流充电桩	周期发送,事件触发
CRB	电池实时数据	36	车载充电机	交流充电桩	周期发送
ATM	交流充电桩终止充电	37	交流充电桩	车载充电机	事件触发
CTM	车载充电机终止充电	38	车载充电机	交流充电桩	事件触发

表 5-11 充电结束阶段的报文分类

报文代号	报文描述	报文 ID	源地址	目的地址	触发方式
AST	交流充电桩统计数据	49	交流充电桩	车载充电机	事件触发
CST	车载充电机统计数据	50	车载充电机	交流充电桩	事件触发

表 5-12 错误报文分类

报文代号	报文描述	报文 ID	源地址	目的地址	触发方式
AEM	交流充电桩错误数据	65	交流充电桩	车载充电机	事件触发
CEM	车载充电机错误数据	66	车载充电机	交流充电桩	事件触发

第 6 章
电动汽车充电桩

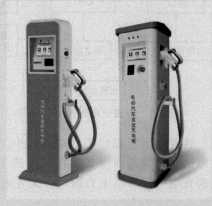

6.1 充电桩的基本形式

电动汽车充电桩的功能类似于加油站内的加油机，能够固定在地面或墙壁上，也可以安装于公共建筑（如公共楼宇、商场以及公共停车场等）或居民小区的停车场及充电站内，并且能够根据不同的电压等级为各种型号的电动汽车充电。充电桩一般可以分为交流充电桩与直流充电桩两种类型。

交流充电桩指的是采用传导方式为具有车载充电装置的电动汽车提供交流电源的专用供电装置。交流充电桩的输入端连接至输入电源，输出端利用交流充电接口连接至电动汽车。

直流充电桩需要与非车载充电机配合使用，其发展过程可分为两个阶段。在第一阶段，非车载充电机与直流充电桩为分体式结构，非车载充电机的输出端连接至直流充电桩的输入端，直流充电桩的输出端利用直流充电接口连接至电动汽车。与此同时，直流充电桩通过通信接口实现对非车载充电机的控制。该模式的优点是可以把充电机置于室内，从而使对充电机 IP 防护等级的要求降低，便于进行统一的散热管理；其缺点主要是布线较长，从而造成较大的压降和功率损耗，通信线路也易受干扰，对系统可靠性的影响较大。随着技术的进步，直流充电桩和非车载充电机的发展进入到第二阶段，也就是非车载充电机和直流充电桩整合成为一体式结构。此时，直流充电桩的输入端直接连接到输入电源，输出端仍然利用直流充电接口连接至电动汽车。

6.2 充电桩的构成和功能

6.2.1 交流充电桩的构成和功能

交流充电桩一般由桩体、电气模块、计量模块等组成。桩体包括外壳和人机交互界面；电气模块和计量模块安装在桩体内部；电气模块包括充电插座、电缆转接端子排以及安全防护装置等。如图 6-1 所示为交流充电桩的一般结构。

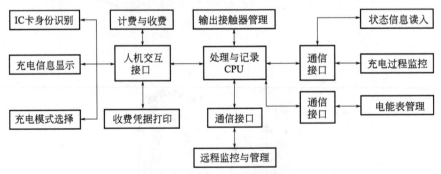

图 6-1 交流充电桩的一般结构

交流充电桩俗称"慢充"装置，固定安装于电动汽车外。交流充电桩的输入端与交流电网连接，为电动汽车车载充电机（也就是固定安装在电动汽车上的充电机）提供交流电源，同时具备计量计费功能。交流充电桩只提供电力输出，无充电功能，需连接车载充电机为电动汽车充电。

交流充电桩提供单路或双路 220V AC/380V AC 输出接口，输出功率通常为 5kW(220V AC)/

20kW（380V AC），其真正的充电功率受车载充电机的制约，一般小型电动汽车的车载充电功率在 2～3kW 间。

交流充电桩一般应具有人机交互功能、计量功能、外部通信功能以及软件升级功能等。

人机交互界面提供人机交互功能，主要包括显示功能与输入功能。显示功能要求充电桩应能显示在各种状态下的相关信息，输入功能要求充电桩应当具备手动设置充电参数的功能。计量模块提供对输出电能量的计量功能。充电桩的控制单元具备和外部通信的相关接口，并具备系统控制软件的升级功能。

鉴于应用较低和充电时间方便的原因，电动汽车应优先选择在夜间充电。因为我国大部分家庭没有自己的专属车库，户外也不允许私拉电线，所以需要为每一辆电动汽车配备 1 个交流充电桩。交流充电桩具有占地面积较小、布点灵活等特点，如图 6-2 所示。

图 6-2　交流充电桩

6.2.2　直流充电桩的构成和功能

直流充电桩俗称"快充"装置，固定安装于电动汽车外，直流充电桩的输入端和交流电网连接，具有充电机功能，能够实时监视并控制被充电蓄电池的状态，同时，直流充电桩可以对充电电量进行计量。

直流充电桩的输入电压采用三相四线 AC380V±57V，频率为 50Hz，输出为可调直流电，可直接为电动汽车的动力蓄电池充电。通常充电功率为 10～40kW，充电时间为 1～4h，占地面积也不大（1～2m²）。因为充电功率不大，一般的动力用电回路可满足使用。由于直流充电桩采用三相四线制供电，所以可以提供足够的功率，输出的电压和电流调整范围大，能够满足快充的要求。

直流充电桩具有无人值守、智能刷卡消费以及区域组网管理功能，方便运营部门管理。电动汽车在市内运行时，中间停顿的机会比较多，此时也是对电动汽车临时补充充电的机会。直流充电桩投资小，占地小，电网较易满足，所以可以大量在停车场、办公楼、购物中心、饭店、宾馆、游览区、有车位的街道、小区等地设置。

如图 6-3 所示为直流充电桩的系统结构，主要由充电桩控制器、人机交互界面、IC 卡读写器、功率变换子系统及电量计量等部分组成。

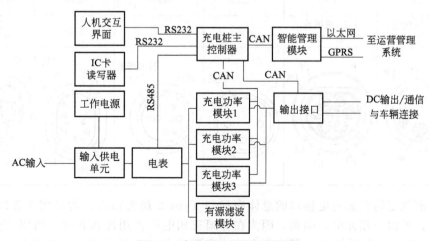

图 6-3　直流充电桩的系统结构

各部分子模块的组成和主要功能见表 6-1。

表 6-1 各部分子模块的组成和主要功能

组成	功能
充电桩主控制器	完成对各个子系统的协调控制功能，接收多种输入指令，切换充电桩的工作状态及控制充电功率模块的输出等
人机交互子系统	包括 IC 卡读写器与人机交互界面等，用以实现用户与充电桩的人机交互，完成用户身份验证、充电需求信息输入、充电过程中的数据显示及用户自主控制指令输入等功能
功率变换子系统	包括交流供电输入单元、充电功率模块和有源滤波模块，充电功率模块可以实现并联时的自主均流，从而可以由一种标准功率模块并联组成多种规格的充电桩
电量计量单元	采用成熟的交流计量技术
智能管理模块	包括运营管理系统的通信接口、数据处理和数据存储等组成部分，用来实现各种运营管理策略

6.3 充电接口

6.3.1 交流充电接口

由于不同国家和地区的电网系统不同，所以不同国家在各自的交流充电标准中对充电连接器电压和电流的要求也不尽相同。国内外交流充电接口的技术方案见表 6-2 所示。IEC 62196—2《电动车辆传导充电用插头、插座、车辆连接器和车辆插孔第 2 部分：交流充电接口和附属连接线路的尺寸互换性要求》包含 3 种交流充电接口方案，其中 Type 1 的主要支持国家为美国和日本；Type 2 的主要支持国家为德国；Type 3 的主要支持国家为意大利和法国。

表 6-2 国内外交流充电接口的技术方案

接口参数	Type 1	Type 2		Type 3			中国标准	
				单控制导引	双控制导引			
相数	单相	单相	三相	单相	单相	三相	单相	三相预留
电流/A	32(美国 80)	70	63	16	16	16	16/32	
电压/V	≤250	≤500		≤250	≤250	≤500	250/440	
针脚和锁止	5 芯，机械锁（电子锁未定）	7 芯，机械或电子锁		4 芯	4 芯	5 芯	7 芯，机械锁（电子锁可选）	

我国标准规定的交流充电接口的总体布局与 Type 2 最为接近，均采用 7 芯结构，以单相充电为主，预留三相充电。但是，因为在德国三相电的使用比较普遍，所以 Type 2 定义了 480V 的交流充电电压与 63A 的充电电流，实际充电功率可达到 40kW 以上。相比之下，

因为我国的私人住宅及小区住户很少能够直接使用三相电，所以目前我国标准规定的交流充电电流最大只有32A，而实际多采用220V/16A进行充电。我国标准和Type 2在车辆插头的插芯上分别采用了母头与公头的规定，因此两者无法实现互换。在接口锁止方式上，我国标准与Type 1一致，首选简单可靠的机械锁，同时可以配合使用电子锁以提高安全性。虽然我国标准与国外标准在充电接口的物理结构上存在差异，但是在控制导引电路和通信协议上已基本可以兼容，可以实现连接状态的判断、充电安全控制和充电功率的实时调节。

Type 1、Type 2、Type 3及我国标准对交流充电接口各端子的功能定义如表6-3所示。其中，PE为保护地端子，CP为控制导引端子，PD/CS为连接确认端子。

表6-3 Type 1、Type 2、Type 3及我国标准对交流充电接口各端子的功能定义

功能定义 端子序号	Type 1	Type 2/Type 3		我国标准
	单相	单相	三相	单相
1	L1	L1	L1	L1
2	L2		L2	NC1
3	PE		L3	NC2
4	CP	N/L2	N	N
5	CS	PE	PE	PE
6		CP	CP	CC
7		PP/CS	PP/CS	CP

我国的电动汽车交流充电接口标准除了国家标准外，还包括汽车行业标准和国家电网企业标准等。我国的交流充电接口技术方案如表6-4所示。从表6-4中能够看出，国内各标准对于交流充电接口的规定相差不大，其中国家标准和汽车行业标准对交流充电接口在物理结构上的规定基本一致，基本功能要求也相同，都不包括交流电源、中线、保护地线以及确认控制线，仅在针脚排列上略有不同。国家标准的兼容性更强，不仅支持单相充电模式，还预留了今后要发展的三相充电模式。国家电网企业标准对交流充电接口的物理结构未做出具体规定，并且将在国家标准和行业标准中预留的端口用作CAN通信，这是因为我国的电力企业考虑到电动汽车的无序充电会加重电网负荷的随机性，所以需要将电动汽车的交流充电纳入统一的用电监控管理中来，以确保电网的运行安全，并且为实现智能电网的发展提供必要的条件。

虽然国内外充电接口的物理结构还未统一，但是经过不断地磋商和研究，各国在充电控制导引电路和PWM有序充电等方面已经达成共识。所以，到目前为止，国际上的充电接口方案已经基本趋于统一。

表6-4 我国的交流充电接口技术方案

标准名称 技术要求	GB/T 20234.2—2015	Q/GDW 399—2009
相数	单相（三相为预留）	单相
电流/A	16/32	16
电压/V	220（440）	220
针脚和锁止	7芯机械锁（电子锁可选）	7芯锁紧装置

续表

技术要求 \ 标准名称	GB/T 20234.2—2015	Q/GDW 399—2009
接口形式	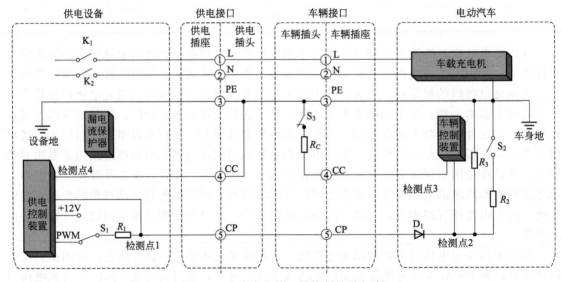	

6.3.2 交流充电的控制导引

对于电动汽车的充电接口而言，物理结构的标准化只是确保了接口物理连接的互换性，除此之外，还需要用控制导引电路来完成连接状态的判断及对充电过程的安全控制。

充电控制导引电路的主要功能包括判断充电连接状态、识别充电电缆承载的电流以及实现带载安全切断保护等。在目前国内外的充电接口标准中，控制导引电路部分已基本能够兼容。我国的交流充电接口标准中规定的控制导引电路如图 6-4 及表 6-5 所示。

图 6-4 交流充电接口的控制导引电路

表 6-5 交流充电接口的控制导引电路的功能和原理

功能	原理
连接状态判断	在交流充电接口的 7 个针脚中，CC 针和 CP 针最短，当 CC 针或 CP 针与对应的插孔导体连接后，则表明所有的针脚都已经连接，这时可通过检测点 1、检测点 2 以及检测点 3 的电压变化进行判断。供电控制装置可以根据这些电压值判断连接状态是否正确，从而控制主回路开关 K_1、K_2 的闭合或打开
充电电缆承载电流识别	目前，我国的交流充电连接装置可分为 16A 与 32A 两种电流等级。电阻 R_C 是充电连接装置的内置电阻，其阻值是与电缆承载电流的大小相匹配的。车载充电机可以利用判断检测点 3 的电压值来判断电缆的承载能力，从而确定充电电流的上限

续表

功能	原理
带载安全切断保护	在充电过程中，由于误操作或意外原因，有可能使充电插头在带载时断开，控制导引电路需要降低或者避免这种操作带来的危害。开关S_3被设计成与机械锁按钮联动，当机械锁按下时，车载充电机可通过检测点3的电压变化判断充电插头有拔出的趋势，从而在主回路断开前提前降低或切断电流输出，防止拉弧或其他危害。另外，由于CC针和CP针为短针，两个控制导引针会先于主回路的L针与N针断开，利用这个时间差，充电装置可以通过检测点1或检测点4，车载充电机可以通过检测点2和检测点3的电压变化判断出充电插头将要断开，从而在主回路断开前提前降低或切断电流输出，避免拉弧或其他危害
控制导引信号	供电控制装置生成PWM（脉冲宽度调制）信号，利用其占空比来表示充电电流的允许限值，PWM占空比与充电电流允许限值的映射关系如表6-6及图6-5所示

表6-6 PWM占空比与充电电流允许限值的映射范围

PWM占空比(D)/%	最大充电电流I_{max}/A
$D<10$	不允许
$10 \leqslant D \leqslant 85$	$I_{max}=D \times 100 \times 0.6$
$85<D \leqslant 89$	$I_{max}=(D \times 100-64) \times 2.5$
$D>89$	不允许

6.3.3 直流充电接口

国际电工委员会（IEC）关于直流充电接口的标准《电动车辆传导充电用插头、插座、车辆连接器和车辆接口第3部分：直流充电接口和附属连接线路的尺寸互换性要求》（IEC 62196.3—2016）已于2014年发布，该标准包括4种直流充电接口方案，分别为来自于日本的CHAdeMO标准、美国推荐的交流和直流引脚并存的Combo Connector方式、欧洲的三相交流方式和我国的直流充电标准。《插头、插座、车辆连接器和车辆入口 电动车辆的导电充电 第3部分：直流或交流插针和插套附件的尺寸兼容性和互换性要求》（IEC 62196.3—2014）对各类直流充电接口的电压、电流及接口形式的规定如表6-7所示。

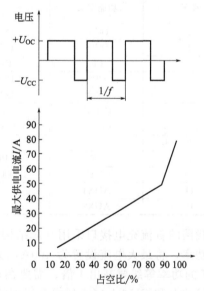

图6-5 PWM占空比与充电电流允许限值的映射关系

表6-7 IEC 62196.3—2014对各类直流充电接口的电压、电流及接口形式的规定

	接口类型					
	A	B	C Type		C Combo	
			1	2	1	2
电压/V	600	750	300	480	600	850
电流/A	200	250	80	80	200	200

续表

接口类型						
	A	B	C Type		C Combo	
			1	2	1	2
接口形式	(图)	(图)	(图)	(图)	(图)	(图)

4 种直流充电接口各端子功能的定义如表 6-8 所示。其中, DC+是直流电源正极端子, DC-为直流电源负极端子, PE 为保护地端子, CP 为控制导引端子 1, CP 2 是控制导引端子 2, CP 3 是控制导引端子 3, COM 1 是通信端子正极, COM 2 是通信端子负极, IM 是绝缘检测端子, PD/CS 为连接确认端子, AUX 1 是辅助电源端子正极, AUX 2 是辅助电源端子负极。

表 6-8 4 种直流充电接口各端子功能的定义

端子	功能定义	接口引脚			
		A	B	C Type	C Combo
1	DC+	DC+	DC+	DC+	DC+
2	DC-	DC-	DC-	DC-	DC-
3	CP	DCP	CC1	CP	
4	CP2	DCS1			
5	CP3	DCS2			
6	COM1	CA4H	S+		
7	COM2	CA4L	S-		
8	IM				
9	PE	PE	PE	PE	PE
10	PP/CS	DCC	CC2	CS	PP
11	AUX1		A		
12	AUX2		A-		

我国的直流充电接口采用 9 芯结构, 考虑到电动商用车的应用, 增加了直流充电接口的输出功率, 将最大电流设置为 400A, 充电功率可达到 150kW 以上, 相比 CHAdeMO 标准 60kW 的功率等级要高出 1 倍, 需要在连接器设计中考虑到电气间隙和爬电距离的影响, 在结构尺寸上和 CHAdeMO 制式有很大的不同。所以, 我国的直流充电接口也能够用于城市纯电动公交车的电能补充。

国内各直流充电接口标准之间的差别较大, 接口的针脚数量、定义方式、物理尺寸及功能要求等都不统一。汽车行业标准采用 9 芯插头, 而深圳市地方标准和南方电网企业标准均采用 8 芯接口, 针脚功能定义基本一致, 但是都没有考虑充电控制导引电路, 仅依靠针脚的长度实现连接确认。国家电网企业标准规定的直流充电接口不仅具有充电控制导引功能, 而且支持不同的服务对象, 所以其针脚数也最多。针对此前国内各直流充电接口相关标准差别较大的情况, 我国以汽车行业标准为基础, 在 2011 年发布了 GB/T 20234.3—2011《电动汽车传导充电用连接装置 第 3 部分: 直流充电接口》(已被 GB/T 20234.3—2015 取代), 从而实现了国内电动汽车直流充电接口的统一。

第 7 章
汽车充电机

随着电动汽车产业的快速发展,为了延长电动汽车的行驶里程,在电池能量有限的条件下,研发和生产具有高效、可靠、体积小、使用方便、重量轻及价格适宜等优点的充电机,以便及时为各类电动汽车的电池组补充电能,不仅十分必要,而且也有助于电动汽车的推广应用。

电动汽车充电机可以看作是一个 AC/DC 电能变换器,即将从供电电网获取的交流电能经过整流等环节转换为合适的直流电输出,从而给电动汽车的动力电池组充电。

7.1 汽车充电机的分类

汽车充电机的分类见表 7-1。

表 7-1 汽车充电机的分类

划分标准	分类
按照连接方式划分	按照充电机与电池组连接方式的不同,电动汽车的充电机可分为传导式充电机和非接触式充电机两种。传导式充电机的输出端直接连接到电池组上,两者之间存在实际的物理连接;非接触式充电机由地面设备和车载设备两部分组成,利用电磁感应耦合原理,以无线传输电能的方式为电池组充电,充电机与电动汽车及电池组之间没有实际的物理连接
按照安装位置划分	根据安装位置的不同,电动汽车的充电机可分为非车载充电机和车载充电机两种。非车载充电机通常固定安装在地面上,输入侧的交流电经过电能变换后转变为直流输出,并给电动汽车的电池组充电,因此也称为直流充电机;车载充电机的整流等电能变换环节都在电动汽车内完成,车外仅需要一个交流输入供电电源,因此也称为交流充电机,但因车内空间有限,其功率、体积和重量等都小于非车载充电机
按照充电时间划分	按照充电时间的不同,电动汽车的充电机可分为快速充电机和慢速充电机:快速充电机的供电侧多采用三相交流电,经整流等环节转变为直流输出,且输出功率较大,一般仅需 15min 即可充电至电池组 80% 左右的电量,充电 30min 就能充满电池组所需全部电量;慢速充电机采用单相 220V 交流供电,输出功率小,电池充电时间较长,一般为 8~10h,但慢速充电方式对电池的寿命有益,而且通常是在夜间用电低谷时段充电,不仅可以平衡电网用电负荷,还能享受优惠电价
按照充电机的功能划分	电动汽车充电机按照功能的不同可分为普通充电机和多功能充电机两种。普通充电机仅具有对蓄电池的充电功能,而多功能充电机除了提供对蓄电池的充电功能以外,还能提供诸如对蓄电池进行容量测试、对电网进行谐波抑制、无功功率补偿和负载平衡等功能。目前,一部分充电机还进一步提供了良好的人机交互界面,可人为设定充电模式或实现远程监控及计价交费等

7.2 电能变换技术

功率变换器是电动汽车充电机的核心部件,即对电能进行控制和变换的装置,需要应用到电能变换技术。根据转换方式的不同,功率变换器包括把交流电能转换成直流电能的 AC/DC 变换器、将直流电能转换成交流电能的 DC/AC 变换器、将直流电能转换成另一种直流电能的 DC/DC 变换器和将一种交流电能转换成另一种交流电能的 AC/AC 变换器。

相对于线性变换器,开关变换器因为采用的是功率晶体管,通过调整集电极和射极之间的压降,使输出电流维持在稳定状态,尽管具有输出电流纹波小、波形质量高的优点,但是在调整过程中功率管始终工作在放大区,即电流保持连续,造成功耗较大、需要的散热片体积也很大,不仅电能变换效率低,而且变换器的体积及重量也很大,难以应用于大功率场合。所以,目前的电动汽车充电机普遍采用高频开关变换器,其原理为采用 IGBT 等高频开关器件，其工作在开关状态下，减少开关损耗、提高电能变换效率。开关频率的提高不仅能使输入、输出电量的波形得到有效改善，而且可以降低变压器、滤波电感及电容等磁性元件的体积和价格，可广泛用于各种功率等级的变换器中。尤其是20世纪90年代兴起的软开关技术，利用谐振原理，能够极大地减小功率开关器件的开关损耗，消除了随着开关频率提高所导致的开关损耗增加和电磁（EMI）增大的弊端，具有可以使变换器效率及功率密度进一步提高、体积及重量相应减小等优势。

对于不同的充电方式，充电机主要用到的电能变换方式包括整流、斩波以及逆变等。其中，整流电路拓扑可以采用二极管桥式或者IGBT组成的全控桥式两种，斩波与逆变部分则多采用隔离型全桥电路，以便符合充电机对于大功率和安全性等方面的需要。在满足动力电池充电所需的基础上，充电机技术正向着高频化、高效率、高功率密度以及多功能等方向发展。

7.3 传导式车载充电机

传导式车载充电机安装在电动汽车上，可采用单相或三相交流供电，利用插头和电缆与交流插座连接，所以也叫作交流充电机。由于车上空间的限制，功率等级和输出的充电电流均较小，所以只能对电池组进行慢速充电，充电时间相对较长；同时，因为车载工况较为复杂，所以对此类充电机的性能要求也较高，必须达到重量轻、体积小、效率高、密封情况下的自然冷却效果好、抗震性好以及安全等级高等方面的要求，但其结构简单、成本低，且只要有普通的交流电源插座即可随时随地为电动汽车补充能量，充电方便，所以很适合于家用电动汽车及服务于园区等场所的电动汽车。

7.3.1 车载充电机的技术要求

传导式车载充电机由于安置在电动汽车上，所以除了要实现为动力电池组充电所需的功率变换外，还应满足重量轻、体积小、可靠性高及便于在车辆上安装和使用等要求。充电机内的动力电池组在利用电缆与供电电源插座连接时，插头内应该具有与车载充电设备相配套的控制检测电路，主要作用为判断充电接口是否连接，调节充电模式和在充电过程中实施保护等，并将这些信息利用数据线传输给充电机。在充电过程中，充电机应可以自动检测整个电池组的充电电压和充电电流，能够自动控制充电过程，可以根据设定的充电模式自动调节输出电压；具备软启动、软关断的功能，能够承受突然停机、开路或带负载启动等工况条件。当电池组充满电后，能够自动断开充电电源；一旦出现充电过程突然断电等情况时，再次上电后充电机应能恢复至原来的充电状态，继续对电池组充电，直到充电结束。对于智能化的电池管理系统来说，必须确保在电动汽车充电过程中操作者的人身安全和电动汽车电池组的安全，不需要过多的人为干预，且操作简单，能够快速、高效、安全地对电池组进行充电。

由于充电机采用电力电子技术进行电能变换，所以其对电网而言是一个非线性负载，将产生危害电网及其他用电设备的谐波污染，而且二极管整流电路还会造成网侧功率因数降低，使无功损耗增加，尤其是多台充电机同时运行时产生的系统负载增加，其影响更加不能忽视。所以，在满足充电机基本功能的前提下，应选择适宜的电能变换电路拓扑及控制策略，从而有效减小对供配电网的谐波污染与无功损耗，使电动汽车技术更具有优越性，获得更快、更健康的发展。车载充电机如图7-1所示。

图 7-1　车载充电机

7.3.2　车载充电机技术

目前，车载充电机主要通过配电网输入的单相 220V 或三相 380V、频率为 50Hz 的交流电源供电，主电路通常包括二极管桥式整流、有源功率因数校正、LC 滤波、高频 DC/DC 斩波变换等组成部分，作用是将来自电网的单相或三相交流输入电能变换成稳定、可控的直流输出，并按照一定的充电模式给动力电池组充电。由二极管组成的桥式不控整流电路具有结构简单、价格低廉及使用方便等优点，缺点为网侧谐波电流含量高、功率因数较低，但因为传导式车载充电机的功率一般较小，单独使用时对电网造成的谐波污染较小，所以一般不采用谐波抑制技术。为了使网侧输入功率因数和输入电能的利用效率得到提高，通常在二极管整流桥后接一个由 Boost DC/DC 斩波电路组成的有源功率因数校正环节，利用对其中 IG-BT 等全控型功率开关器件的高频通断控制，使输入电流和输入电压的相位相同或反向，即使网侧功率因数达到±1。LC 滤波器中的大容量电解电容一般叫作支撑电容，主要起到平波及稳压的作用，并给后端的高频 DC/DC 斩波电路提供稳定的直流电压。综合考虑功率等级、成本、控制难易程度及安全性等方面，车载充电机所用的高频 DC/DC 斩波电路宜选用 Back 或者 Boost 等单管电路拓扑。

此外，为了掌握电池组的充电状态，需要由充电机的充电控制系统来实施或者调整充电机的工作模式，同时对充电过程中电池组的电压、电流以及温度等参数进行采样，一般通过 CAN 总线接口和电动汽车内的电池管理系统（BMS）进行实时通信，也能够通过 BMS 的人机交互界面进行充电模式的选择或者控制指令的输入等操作来控制充电过程。通过采取上述措施，充电机在充电过程中能够随时监控电池的充电状态，防止电池组在充电过程中出现过充和过热的现象，并防止电池组的端电压及电池单体的电压、电流以及温度等超过限值。此外，充电机还能够实现充电完成或者出现故障时的自动断电等功能。

7.4　传导式非车载充电机

非车载充电机的体积和重量均较大，一般安装在充电站中使用，所以在便利性上不如车载充电机，无法随时随地为电动汽车补充能量。传导式非车载充电机通常可以安装在充电站、停车场、汽车维修站以及住宅小区等场所。根据充电时间的不同，非车载充电机可分为快速充电机与慢速充电机两种类型，分别采用 380V 三相以及 220V 单相交流电供电，经过电力电子器件变换后转变为直流输出，为各类电动汽车的电池组进行快、慢速充电，所以也称为直流充电机。其中，快速充电机的功率等级较高，多在 50kW 左右，只需 30min 就可为电池充入约 80% 的电量。非车载充电机的功能通常比较完善，如具有良好的人机界面，具有自动计费与远程监控等功能；慢速充电机可安装在办公场所或住宅的停车位处，通常具有重量轻、体积小、安装方便、可靠性好及操作简便等优点，并具备基本的电量、电费显示以及充电过程的自动化控制等功能，但功率等级较低，通常低于 10kW，充电时间一般约为 10h。由于私家车一般是在夜间充电，所以不仅可对电网具有"削峰填谷"的作用，平衡电网供电，还能享受到用电低峰时段的优惠电价，节省用户的电费支出。

7.4.1 非车载充电机的技术要求

为确保传导式非车载充电机安全、可靠、高效地工作，要求其可以满足稳流精度和稳压精度都低于 1%，满载时的效率和功率因数分别大于 91% 与 0.9；使用环境温度在 −20～50℃ 之间；输出电压不可以超过电池组的充电限制电压和低于电池组的放电限制电压；充电电流应符合电池组的额定参数等要求。此外，电池组在充电时，非车载充电机还应可以在雨雪天气等恶劣外部环境条件、充电机发生故障、人员接触电动汽车车体或者在进行插拔充电接头等操作时，确保人员、设备和电池组的安全；充电插头与插座在进行连接或断开的插拔操作时，其上应有明确的极性标示，避免连接错误。

目前，比较先进的快速充电机主要包括以下功能。

① 可以和车载电池管理系统通信，接收电池的充电参数，自动对充电过程进行调整以确保充电期间电池组的单体电池电压不大于其充电电压的上限。

② 当电池管理系统检测到电池故障后能够立刻自动停止充电。

③ 具有人机交互操作面板与远程操作功能，并能和充电机监控系统连接，以便于在监控计算机上完成除闭合与切断输入电源外的所有功能。

④ 具有在输入欠压、输出短路、输入过压、输出过压、过温、电池反接及电池故障等情况下的保护功能，能利用远程网络向监控计算机传送电池管理系统的数据，具有故障报警功能，可以主动向监控系统发送并记录故障信息，为事故分析及运行测试提供历史数据。

⑤ 对于拥有多台充电机的充电站，充电机还需要为充电站监控系统提供事件记录数据。

⑥ 充电机内需包含一条充电电缆连接确认信号线，以便于当充电插头连接到车辆后，车辆控制逻辑系统可依据此信号来禁止车辆驱动系统在充电期间工作，以确保充电安全。此外，在充电期间，该信号线还应和充电线缆形成闭锁，以确保人员的安全，若充电机与电池管理系统的连接脱离，充电机应停止充电。

⑦ 具有良好的人机界面，提供包括充电模式、充电参数以及缴费等功能，可以完成充电机充电过程的闭环自动控制，当故障导致充电机中断充电过程进行保护时，可以显示故障类型并提供一定的故障排除指示。

⑧ 当对整车进行充电时，通常还要为车载电池管理系统提供所需的直流工作电源。

⑨ 由于充电机功率较大，因而其带电部分不可外露，同时应确保充电机和车体可靠接地。

⑩ 接口、插座以及插头等的形式应有统一标准，能够兼容各种不同类型的充电制式，以利于电动汽车的推广使用。

7.4.2 非车载充电机的组成

为电池组提供快速充电的传导式非车载充电机常常功率较大，通常采用 380V 三相交流电源作为供电电源，然后将其变换成一定幅值的直流输出为电池组进行充电。目前，传导式非车载充电机主要使用两种电路拓扑进行电能变换。

① 由二极管三相桥式整流经 LC 滤波环节获得直流母线电压，再接高频隔离型 PWM DC/DC 桥式斩波电路组成交-直-直系统；具有电路简单及控制方便等优点，但功率因数低、谐波污染大。

② 由 IGBT 四象限变流经 LC 滤波环节获得直流母线电压，再接高频 PWM DC/DC 桥式斩波电路组成交-直-直系统。由全控型开关器件组成单相或三相桥式整流电路，采用 PWM 控制技术，电路复杂、控制较难，但是具有功率因数高、网侧电流谐波含量少、体积小、动态响应快以及电能变换效率高等优点，所以成为发展的主流。以下对非车载充电机主电路的各组成部分进行介绍。

(1) 整流部分

整流部分的主要作用是将通过配电网中获得的三相交流电变换成直流电，包含快速熔断器、继电器与预充电电阻组成的软启动电路及三相整流桥等。当采用二极管三相桥式整流电路拓扑时，具有电路结构简单及造价低廉等优点，但通常要在直流侧增加有源功率因数校正电路和（或）在交流网侧增加无源或者有源滤波器，以便使这种整流电路产生的谐波电流畸变严重和功率因数下降的缺陷消除；当采用 IGBT 等全控型开关器件组成的四象限 PWM 整流器时，尽管增加了器件的成本、控制的难度以及电路的复杂性，但因为开关器件运行于高频状态，不仅可以使输出直流的纹波较小，还能够减小滤波元件的容量、体积和成本，以及可以在很大程度上降低网侧输入的交流电流中的谐波含量，使功率因数接近 1，从而可以省去谐波抑制和功率因数校正装置，所以也越来越成为新建充电机整流电路拓扑的首选。

(2) 滤波环节

整流后的电流通常要经过 LC 滤波环节以得到纹波较小的稳定的直流母线电压，然后提供给后级的 DC/DC 斩波电路。LC 滤波环节主要由滤波电感、滤波电容、直流母线支撑电容以及电感能量释放二极管等元件组成。

(3) 斩波部分

考虑到充电机的功率等级和系统安全因素，斩波电路拓扑通常是隔离型全桥 DC/DC 变换器，主要由如 IGBT 等全控型开关器件组成的主功率开关管、输出二极管整流桥、高频变压器、输出滤波电感与电容、输出逆止二极管、输出继电器、快速熔断器以及开关器件缓冲电路等构成，采用脉宽调制（PWM）技术，可以输出恒定电流或电压以符合电池组的充电要求。对斩波器的控制由控制电路与驱动电路完成，控制电路主要包括信号采集电路、PWM 脉冲信号生成集成电路、故障保护逻辑电路以及闭环控制调节电路等，借助对电压测量值与基准值进行比较，依据差值控制高频开关功率管的开关占空比，生成相应的 PWM 脉冲控制信号；驱动电路将 PWM 信号进行功率放大与电气隔离后生成驱动信号，控制功率开关管的通断动作，从而调节输出电压的大小。此外，驱动电路还具有检测输出电流的相关参数并同设定值相比较的功能，以便及时发现过流等故障，并在故障发生时采取完善的保护功能，如采用封锁脉冲等措施。

(4) 功率因数校正部分

采用电力电子技术的充电机是一种高度非线性的设备，会产生对供电网和其他用电设备有害的谐波污染，而且也造成充电机的功率因数降低，在充电机负载增加时，其对供电网的影响也不容忽视。充电机主电路在采用不同的拓扑结构时所产生的谐波污染及功率因数下降的程度各不相同，所以采取的谐波抑制或者无功补偿方式也不同。在综合考虑充电机的性能参数、设备造价以及运营成本等基础上，选用适宜的充电机功率变换主电路拓扑，有助于充电机（站）的建设及电动汽车行业的发展。

功率因数校正技术的目的是使网侧交流输入电流跟随输入正弦交流电压的基波变化，保持两者的相位相同，从而实现网侧功率因数为1。功率因数校正装置可分为无源型与有源型两种，无源型结构简单，但是只在负载不变时有效；有源型采用全控型开关器件组成的变换电路，利用控制其中功率开关器件的导通和关断实现功率因数的校正，但是电路结构较比较复杂，控制也较难。目前，单相有源功率因数校正技术应用广泛，其主电路通常可以看作是一个Boost型DC/DC变换器。三相功率因数校正因为相关理论还不成熟，所以还无法有效投入实际的应用中。

(5) 充电控制管理系统

作为充电机的顶层控制系统，充电控制管理系统是整个充电机的核心控制器，管理着整个充电机的操作流程，其功能主要包括处理人工输入或者其他设备发来的控制指令，利用驱动电路生成的信号来控制充电机的启停动作。该系统主要包括中央处理器及其外围电路、模拟量处理电路、数字处理电路、RS-485通信接口、CAN通信接口、按键输入电路及显示电路等部分。同时，系统还可以对充电模块的串、并联均流进行控制，并可将充电机的实时运行数据进行显示或者传输给上层监控计算机。

(6) 人机交互单元

人机交互单元通常由按键或触摸式液晶显示屏等组成，主要用于计算机远程监控和电池充电的控制。充电机利用采集人机交互单元的信息，按照人为设定的充电参数控制充电机的启停，同时利用自身的通信接口与上位机组成计算机监控网络，实时监控、记录以及传输充电机的运行数据，并可以接受远程运行参数设置、启动及停机控制等操作。此外，充电机在发生运行故障时也可以通过人机交互单元与充电站的监控网络通信，由监控系统自动、及时地采取保护措施，同时在液晶显示屏上显示故障相关信息及处置方法等。

(7) 远程通信接口

充电机应配置有可以与供电网调度系统建立基于互联网的远程通信网络的接口，统一充电机通信协议和电网通信协议，从而实现对充电机（站）的有效管理，并依据其运行状况来合理调配供电量，既保证充电站用电量，又达到错峰运营的目的。同时，还可以实现对每台充电机甚至整个充电站的远程监控与无人值守充电站的数据自动上传功能。

(8) 电量计费部分

具有完成统计充电用户所消耗电能并支付相应电费的功能，交流慢速充电机通常在电动汽车和充电机输出电源的接口处安装交流电表，而交流快速充电机则选用直流电表测量电动汽车和充电机输出端之间传输的直流电能，并且所用的交流或者直流电量均在人机交互的液晶显示屏上显示，具有电力系统远程自动抄表、计费以及支付自动化的潜力。

7.5 非接触式充电机

以传导式充电方式对整车或更换下来的电池进行充电时，所需时间通常较长，而且由于传导式充电需要通过电缆连接实现，所以还存在操作上的不便及在雨雪等天气条件下作业时的安全性问题等不足。相对而言，非接触式充电装置无需使用电缆将车辆和供电系统连接即可直接进行快速充电，并且可以布置在停车场、住宅以及路边等多种场所为各种类型的电动汽车提供充电服务，从而使电动汽车随时随地充电变为可能。对于电动公交车而言，可将充电设施布置在终点站、枢纽站以及换乘站等地点，利用短暂的停车时间便能够完成快速充电。

7.5.1 非接触式充电的原理

非接触式充电机不需要使用电缆将车辆与供电系统连接，而是通过电感耦合的原理进行电能的传输从而实现对电池组的充电。非接触式充电主要有电磁感应、磁共振以及微波3种方式，这3种方式使用的频率范围、输出功率、传输距离以及充电效率等各不相同。其中，电磁感应方式的原理是当充电线圈通入交流电并产生磁场时，磁力线穿过相隔一定距离的受电线圈，交流电产生的交变磁场使受电线圈生成感应电动势，并可以对外输出电流；磁共振方式的基本原理和电磁感应方式相同，只是充电和受电部分共用同一共振周波，从而可将阻抗限制在最低值，并可以增大能量的传输距离；而微波方式则是在充电和受电部分分别采用微波传送与接受技术实现电能的传输。

非接触式充电方式自问世以来便得到了世界各国的普遍关注及重视，与充电站、充电桩的建设投资相比，非接触式充电设施的成本较低，并且可以节省接线所需的操作和等待时间，具有使用便利、布置灵活、操作安全及可靠性高等优势。非接触式充电如图7-2所示。

图7-2 非接触式充电

(1) 电磁感应方式

电磁感应式充电一般采用非接触式电磁耦合变压器进行无线电能传输，为最接近实用化的一种无线充电方式。这种变压器把传统变压器的紧密型耦合磁路分开，变压器的原边绕组流过高频交流电，当送电线圈中有交变电流通过时，发送（初级）与接收（次级）线圈之间产生交替变化的磁束，从而在次级线圈上产生随磁束变化的感应电动势，并利用该线圈的端子对外输出交变电流，把电能传输到副边绕组及用电设备，从而实现在电源与用电负载之间的能量传输而无需物理连接。这种初、次级分离的感应耦合电能传输技术不仅消除了摩擦、触电的危险，而且使系统电能传输的灵活性大大提高，同时也使负载系统的重量显著减小。但是，通过电磁感应原理的无线电能传输方式的缺点是两个线圈必须严格对齐，线圈间的距离也必须足够近（约100mm），否则会造成输电效率大幅下降。此外，该系统传输功率的大小和线圈的尺寸直接相关，当需要以大功率传输电力时，须在基础设施建设及电力设备方面加大投入。电磁感应方式如图7-3所示。

图 7-3 电磁感应方式

(2) 电磁谐振（磁共振）方式

这种无线电能传输系统主要由电源、电力输出、电力接收以及整流器等部分组成，其原理和电磁感应方式基本相同。当电源传送部分有电流通过时，所产生的交变磁束使接收部分产生感应电动势，从而输出电流为电池充电。该方法和电磁感应方式的不同之处在于加装了一个高频驱动电源，采用兼备线圈与电容器的 LC 共振电路，而并非由简单的线圈构成送电与接收两个单元。该技术利用将发射端和接收端的线圈调校成一个谐振系统，当发送端的振荡磁场频率与接收端的固有频率相同时，接收端产生谐振，从而实现最大效率的能量传输。当发射线圈的原边与副边的内阻为 0 时，效率可达 100%，因此传输效率在理论上和传输距离、线圈大小及电磁耦合大小无关。

由于在实际应用中内阻不能为 0，所以耦合系数和谐振频率等都会影响到传输效率。其中，共振频率的数值会随送电单元和接收单元之间距离的变化而改变，当传送距离发生改变时，传输效率也会像电磁感应一样迅速降低。所以，可利用控制电路调整共振频率，使两个单元的电路保持在磁共振状态（该状态也叫作"磁共鸣"）。在控制回路的作用下，通过改变传送与接收的频率，可把电力传送距离增大到数米左右，同时将两单元电路的电阻降到最小，以提高传送效率。此外，传输效率还和发送与接收电单元的直径相关，传送面积越大，传输效率也就越高。目前的传输距离达到了 400mm 左右，传输效率可达 95%。

目前，谐振式无线电能传输技术上的难点是实现小型化及高功率化。现有的技术仅可以实现直径 0.5m 的线圈在 1m 左右的距离提供 60W 的电力，而要提供一辆电动汽车所需的电能，在技术上还有很长一段距离。电磁谐振（磁共振）技术如图 7-4 所示。

(3) 微波方式

微波方式（也称电磁辐射式）无线电能传输技术是通过微波（频率在 300MHz～300GHz 之间的电磁波）为载体在自由空间无线传输电磁能量的技术。该系统通过微波转换装置将直流电转变为微波，由天线发射（发送装置与微波炉使用的"磁控管"基本相同，一般使用 2.45GHz 的电波发生装置传送电力），传送的微波属于交流电波，大功率的电磁射束经过自由空间后可被天线在不同方向接收，最后经微波整流器等重新转换为直流电，为汽车电池充电。充电部分装有金属屏蔽装置，在使用中，利用送电与接收之间的有效屏蔽可以防止微波外泄。

该技术的实质是用微波束来代替传输导线，利用自由空间传输电能，可以实现极高功率的无线电能传输。但是在能量传输的过程中，发射器必须对准接收器，能量传输的方向受到限制，并且不能绕过或穿过障碍物。此外，因为磁控管产生微波时的效率低，导致许多电力

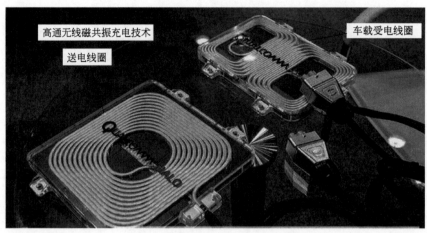

图 7-4 电磁谐振（磁共振）技术

变为热能而浪费掉；微波在空气中的损耗也较大，对人体和其他生物也有伤害。所以，目前该技术通常应用于特殊场合，如低轨道军用卫星、天基定向能武器、微波飞机以及卫星太阳能电站等许多新的、意义重大的科技领域。

在电动汽车无线充电技术的各种方案中，最被看好的是电磁感应方式和磁共振方式两种。若从传输距离的角度来看，后者在技术上的优势较为突出，但是在市场开拓方面，根据相关数据显示，电磁感应方式处于领先地位，而在技术开发方面比较活跃的则为磁共振方式。

7.5.2 非接触式充电机的技术实现方式

一般非接触式充电机可以视为实现 AC/DC/AC/DC 转换的功率变换器，以电磁感应式为例，其具体的工作过程如下：把来自配电网的 380V 三相或者 220V 单相交流电经二极管不控或者 IGBT 全控桥式整流电路转变成直流电，接功率因数校正电路与电容滤波电路，输出给 IGBT 高频全桥逆变电路，变换成 PWM 高频脉冲交变电流，再通过隔离变压器原边输入，通过磁场耦合原理在隔离变压器的副边感应产生高频交变电流，从而实现非接触式电能传输，最后通过中心抽头式二极管整流器及电感与电容组成的滤波电路转换为所要求的稳定直流输出，从而给电池组充电。其中，隔离变压器是实现能量传输的关键器件，它能够使能量相隔一定距离进行非接触式传输，而且按照需要，此功率变换器可以是静止的，也可以是运动的，以适用于不同的应用场合。由于隔离变压器存在气隙，造成耦合系数较小，因而系统的传输效率降低。系统中的逆变器工作在高频开关状态，能够有效减小功率变换器的体积及重量，同时还能减小功率变换器的体积，以及减少功率变换器绕组的线径及损耗。但随着频率的升高，变换器中的变压器磁芯中的损耗也会升高，所以无法采用普通工频变压器中的磁芯种类，必须选用铁氧体、磁感应强度大、非微晶等导磁率高、磁损耗小及饱和磁密高的高频磁芯材料。

非接触式充电机能够避免传导式充电机工作时需要配备接插端口所带来的不便及可能造成的电火花、人身触电、金属连接点由于氧化或灰尘覆盖而导致的接触不良等问题，有较强的通用性和安全性，适用于对充电有不同需求的场合。但因为非接触式充电机属于分离式结构，造成能量传输的效率较低，导出的能量损耗较大，而且结构复杂、成本高，加之目前还有一些相关技术有待进一步研究，所以还没有得到广泛应用。

7.6 充电机的试验与测试

对充电机的测试主要涉及电阻、电流、电压、功率、功率因数、相位和频率等参数,所以可选择相应的电气仪器和仪表,也可以开发专用的充电机试验与测试综合平台。

(1) 充电机的功能测试

① 外观检查。外形及安装尺寸应符合设计要求,表面平整、油漆均匀且无流痕,有防飞石的保护措施;柜门开闭灵活,防水和防尘措施齐全、可靠;柜内配线符合相关标准,器件安装牢靠且有高压标志和接地螺栓。充电机外观如图 7-5 所示。

图 7-5 充电机外观

② 电气测试见表 7-2。

表 7-2 电气测试

测试项目	要求
绝缘电阻	测试前,为防止电子线路发生电压击穿现象,应对充电机的所有电子电路采取相应的保护措施。对于 110V DC 和 600V DC 的线路,分别采用 500V 和 1000V 的兆欧表测量
容量	在额定工况下进行测试,输出容量不小于 7.5kW
效率和功率因数	在额定输入和输出状态下,分别测量充电机的输入和输出功率,然后计算得出充电机的变换效率,应不小于 90%。交流侧功率因数应符合相关标准中电网对负载的要求
控制电压波动范围	充电机在额定输入和输出状态下,控制电源电压在 77~137.5V DC 范围内变化时,应能正常工作
输入电压突加试验	当输入电压突加时,充电机应能正常启动和工作
模拟过分相试验	充电机每工作 10min,切断 600V 电源 10s,如此连续试验 10 次,每次试验后都应能正常工作
充电机启动性能	充电机的软启动时间应小于 5s,600V DC 线路由电压开始等于 490V±5V 到正常输出 600V 的时间不得超过 5s
负载突加、突减试验	充电机在额定输入状态下,突加或突减 50% 的额定负载后,仍能正常工作
输入电压特性	充电机在额定输入状态下启动和工作时,测量直流输入电压,计算其相对峰-峰纹波因数应小于 10%

续表

测试项目	要求
输出特性	在额定工况(非限流充电状态)下,输出电压应为120V±1V,纹波因数小于10%;在有温度补偿时,输出电压应为118～123V
输出电压稳态调整率	分别调整输入电压变化和负载变化,当充电机输出为满载、输入电压在500～660V DC范围内变化时,输出电压调整率应符合±1%的要求;当充电机输入电压为额定值、输出负载在5%～100%之间变化时,输出电压调整率应符合±1%的要求
限流充电试验	将电池组放电至92.0V±0.5V,记录电池组的初始电压,然后接通输入电源,从充电机开始工作时起,每隔10min记录充电机的电压和电流值,应符合电池组限流充电值30A的要求

③ 保护功能测试见表7-3。

表7-3 保护功能测试

保护功能	测试要求
电池组欠压保护	欠压分别在90～92V和96～98V时,欠压继电器动作,充电机应无输出;此测试可与限流充电试验同时进行
输入过压保护	输入电压不小于700V时,充电机应停止工作,发送故障码,并在5min后发出故障信号。输入电压恢复正常时,充电机应恢复正常输出
输入欠压保护	输入电压不大于500V时,充电机应进行欠压保护,同时发送故障码;输入电压恢复正常时,充电机应恢复正常输出
输出过压保护	充电机输出电压超过保护值(125V DC)时,应进行输出过压保护,停止输出,并发出故障信号和故障码
输出欠压保护	充电机输出电压低于欠压保护值(非限流输出欠压值为115V DC)时,进行输出欠压保护,恢复3次后,停止输出并发出故障信号和故障码
输出过流保护	充电机输出过流时,恢复3次后,停止输出并发出故障信号和故障码
输出过载保护	按充电机在可驱动额定负载的120%下正常运行1min的I^2T曲线进行保护,恢复3次后,停止输出并发出故障信号和故障码
短路保护测试	模拟输出短路,充电机应立即停机并发出故障信号和故障码
电池组反接保护测试	当电池组反接电源时,充电机应无法工作并发出故障信号

④ 通信功能测试。充电机根据规定中的通信协议并按要求的数据格式向测试装置发送数据,后者应可以接收并正常显示数据。另外,人机交互界面应具备所要求的功能,在电池管理系统和充电机之间的通信连线断开时,应使充电机立刻停机。

(2) 气候环境测试

在设计允许的环境温度、湿度和气压环境中,测试充电机在标称输入电压、最大功率输出和最大电流状态下的工作性能,检验充电机在每次测试后能否达到原有的性能要求。气候环境测试包括温升测试、低温测试、高温测试以及湿热测试。气候环境测试见表7-4。

表7-4 气候环境测试

测试项目	要求
温升测试	充电机在40℃±1℃的环境中连续工作,当散热器的表面温度在最后1h内变化不超过1℃时,视为达到稳定状态,要求散热器表面温升不得高于40K,表面温度不超过85℃±5℃,可恢复5次。若仍超过此温度,则充电机停止工作,发出故障信号并发送故障码

续表

测试项目	要求
低温测试	充电机在-25℃的环境温度下保持2h,通电后应能正常工作;在-40℃的环境温度下保持4h,然后移出,在常温下恢复1~2h,通电后应能正常工作
高温测试	充电机在40℃的环境温度下连续工作6h,性能参数应符合标准要求;在70℃的环境温度下存放6h,恢复常温,通电后应能正常工作
湿热测试	充电机在规定的湿度和温度下维持一定的时间,通电后应能正常工作

(3) 机械环境测试

充电机主体在承受规定的最大机械冲击或振动后,应确保外壳的变形范围未接触到充电机内部的带电部分,不影响安全防护等级,通电后能正常工作。

(4) 允许温度及电介质绝缘测试

在规定的环境温度下,充电机壳体、把手等人体可接触到的金属或者非金属部分应分别低于允许的最高温度。

在绝缘测试中,要求测试电压为频率50Hz的正弦交流电压,并且升到全值的时间小于10s,然后对输入电压为600V DC的线路进行工频2500V的耐压测试,历时1min;或对输入电压是110V DC的线路进行工频1000V的耐压测试,历时1min,测试中和测试后应无闪络、击穿等现象。

(5) 电磁环境测试

电磁环境测试见表7-5。

表 7-5 电磁环境测试

测试项目	要求
抗电磁干扰	在规定的电磁干扰强度下,充电机应能正常工作
静电放电抗扰度	充电机接电阻性负载且输出额定功率时,应能承受规定幅值的静电放电
低频传导干扰抗扰度	充电机接电阻性负载且输出额定功率时,应能承受电网中因接入其他非线性负载所产生的频率在50~200Hz范围内的谐波干扰;应能承受电网故障导致的供电电压跳变或中断及能承受三相交流电网的不平衡
高频传导干扰抗扰度	充电机接电阻性负载且输出额定功率时,应能承受标准规定的因电感性负载切换、继电器抖动或高压开关装置切换而引起的共模干扰,能承受标准规定的因电网换接、故障或闪电(间接电击)引起的浪涌电压冲击
辐射电磁场抗扰度	充电机接电阻性负载且输出额定功率时,应能承受规定的射频电磁干扰强度
电磁干扰	充电机接电阻性负载且输出额定功率时,输入端对外发射的传导干扰幅值应小于标准规定的大小,射频干扰强度在10m处不能超过规定的值

第8章 电动汽车充电站的安全管理及安全防护

8.1 电动汽车充电站的安全管理及安全防护的技术要求

8.1.1 充电站的防火措施

充电站的防火措施见表 8-1。

表 8-1 充电站的防火措施

项目	要求
建(构)筑物及电力设备防火要求	(1)充电站建(构)筑物的燃烧性能、耐火极限、防火间距等应符合国标规定 (2)变压器室、配电室以及蓄电池室的门应向疏散方向开启;当门外为公共走道或其他房间时,该门应采用乙级防火门。配电室中间隔墙上应采用不燃烧材料制作的双向弹簧门 (3)电缆进入口处、电缆处、接头处、监控室与电缆夹层之间,以及长度超过100m的电缆沟或电缆隧道,均应采取防止电缆火灾蔓延的阻燃或分隔措施,并应根据充电站的规模及重要性采取以下一种或两种措施 ①采用防火隔墙或隔板,并用防火材料封堵电缆通过的孔洞 ②电缆局部涂覆防火涂料或局部采用防火带及防火槽盒
消防设施及报警装置	(1)充电站应设置必要消防设施,并不得移作他用 (2)消防设施放置或者装设地点的环境不符合其生产厂家的规定和要求时,应采取相应的防冻、防潮或者防高温措施 (3)消防用沙应保持充足及干燥,消防沙箱、消防桶和消防铲、斧把上应涂红色标示 (4)选用灭火剂时应检查其灭火的有效性,以对设备和人体的影响降最为原则 (5)充电站应设置火灾自动报警系统
充电站的消防给水	(1)充电站的消防管道、消防栓的设计应符合国标规定 (2)水喷雾灭火系统应符合设计规范及国标规定
消防供电及照明	(1)消防水泵、火灾探测报警与灭火系统、火灾应急照明应按Ⅱ级负荷供电 (2)消防用电设备应采用单独回路供电;若火灾发生,切断生产及生活用电时,应确保消防设备的供电;其供电设备应有明显的标示 (3)设备室、配电室及安全通道应有事故照明 (4)安全通道事故照明的照度不应低于0.5lx;设备室、配电室照明的照度值不应低于正常照度值的10% (5)火灾应急照明可采用蓄电池组供电,其供电时间不应少于20min

8.1.2 电动汽车充电站安全防护的技术要求

① 为防止雷电或操作过电压沿电源引入线对低压配电系统产生不良影响,在主开关的电源进线侧与地端子之间装设 B 级防雷器,在配电母线与地端子之间装设 C 级防雷器。

② 为防止电磁干扰对计算机等弱电设备的影响,监控电源引入线可选择装设 EMI 滤波器。

8.1.3 电动汽车充电站电气设备上工作的安全管理

电动汽车充电站电气设备上工作的安全管理见表 8-2。

表 8-2 电动汽车充电站电气设备上工作的安全管理

项目	内容
充电站保证安全的组织措施	(1)在电气设备上工作必须遵守《国家电网公司电力安全工作规程(变电部分)》的有关规定,必须履行工作票制度、工作许可制度、工作间断转移及终结制度 (2)在电气设备上工作必须根据规定填写合格的工作票,遵守工作票制度,严禁无票或搭票工作 (3)在电气设备上工作时,现场安全措施必须完善和正确,满足工作要求。工作负责人或工作许可人均不得擅自减少或者变更现场的安全措施

续表

项目	内容
充电站保证安全的组织措施	(4)工作负责人和工作许可人必须严格履行工作许可手续,在办理工作许可手续之前,工作许可人必须向工作负责人详细交待有关安全注意事项 (5)办理工作许可手续之前,禁止工作班人员进行工作,运行人员若发现此种情况应及时制止 (6)事故抢修可不用工作票,但是必须按规定布置好安全措施,并指定专人监护,待抢修时间许可时,再补办工作票 (7)使用中的工作票情况,安全措施的布置,地线组数、编号及位置,必须在交接班记录中交待清楚
在充电站电气设备上工作完工后的验收	(1)在电气设备上工作完工之后,充电站工作人员必须对修试设备进行验收,验收合格、手续完备后,可投入运行 (2)验收必须按照部颁标准及有关规程规定进行,验收要全面和准确。验收前,验收人员应做好充分准备(如列出验收项目、标准、方法等),防止遗漏应该验收的内容 (3)验收不合格的设备不能投入运行。如果验收的个别项目达不到标准,而又急需送电时,应经上级主管领导同意后方可送电,充电站工作人员应将有关情况做好记录 (4)新安装设备的验收应由生产技术部门组织进行,运行人员参加共同验收 (5)设备验收应做好详细的验收记录并存档 (6)新安装、扩建、大修、预试以及定检的设备均应有修试报告,报告的内容应齐全,数据准确,结论正确 (7)工作完毕后,修试人员必须按规定做好有关记录,记录要求整洁、完善、正确,并注明是否能够投入运行,无疑问后方可办理完工手续

8.2 电动汽车充电机的安全管理

8.2.1 充电机的安全防护危险点分析

① 充电机超负荷运行。充电机的温升过高:金属部分超过50℃;非金属部分超过60℃。

② 充电机联锁措施不可靠。充电操作时,插销处于带电状态(带负荷)从插座或者连接器中拔出,导致直流短路或设备损坏。

③ 充电机保护功能不完善。在故障运行时,充电机保护装置不能可靠动作;充电机不能主动向监控系统发送故障信息,导致充电设备损坏。

④ 充电操作的安全措施不完善,导致充电操作失败或设备损坏。

8.2.2 充电机的安全防护措施

充电机的安全防护措施见表8-3。

表8-3 充电机的安全防护措施

防护措施	具体要求
防温升措施	充电机的温度不能超过允许值,在充电机的温升过高时,可以采取人工减小充电电流或者充电机自动切除充电回路的防护措施,以降低温升
联锁措施	充电操作时,应检查充电机插头联锁装置或者保护装置的操作连接,确保插销处于带电状态时不会从插座或连接器中拔出,或开关装置处于"ON"位置时不会被插入插座或连接器
保护措施	具有输入欠电压、输入过电压、输出短路、电池反接、输出过电压、超温以及电池故障等保护功能;具有故障报警功能,能主动向监控系统发送故障信息
控制安全措施	充电机启动前检查充电连接器连接可靠,充电监控系统工作正常,并发出允许充电信号;充电过程中,充电监控系统工作正常,信号显示正常;发生充电监控系统异常、充电设备及电路故障、温升异常停机等故障时,应立即手动或自动关闭充电机,断开充电机输入、输出电源,避免电击、起火或爆炸

8.2.3 直流充电机安全操作

直流充电机安全操作见表8-4。

表8-4 直流充电机安全操作

项目	具体内容
充电的准备	(1)安全事项 ①操作前必须确认工作服、安全帽、绝缘鞋以及绝缘手套穿戴到位 ②操作前必须确认直流充电桩插头不带电 ③操作前必须确认电动汽车电源已经关闭 ④操作前必须确认电动汽车动力电池与车上充电插座之间的开关已经断开,处于分闸状态,车上充电插座不带电 ⑤确认车辆是直流充电方式,并且电动汽车的动力电池参数与充电机参数匹配 ⑥确认充电桩上充电插头和车上充电插座的插针和插孔定义正确、一致 ⑦确认车辆停靠于正确的车位 ⑧充电操作时必须一人操作、一人监护,且周围没有闲杂人员 (2)充电前充电机的检查 ①如果接触器、液晶显示工作不正常,勿开机,等待维修处理 ②启动充电前,确认充电桩、车辆的连接插头连接可靠与否 ③确认该型号充电桩与车辆相匹配
运行中	(1)密切监控充电机的运行状态,包括充电电压、充电电流以及电池温度等 (2)充电过程中如发现异常应立即停机处理,记录故障现象并及时反馈给充电机技术人员,待相关人员处理
注意事项	(1)避免充电机故障运行,若发现充电机内部异响、电池电压显示异常、机内有不正常气味或烟雾产生、液晶屏显示异常以及各信号指示灯显示异常等应立即停机处理,以避免导致更多的元件受损 (2)操作按键时勿用力过大,禁止用硬物涂刮充电机外壳和液晶屏 (3)充电机外壳应用电缆良好接地,严禁在充电过程中突然断开电源或充电电缆 (4)如遇雷电天气,为保护充电机不受损害,建议停止充电。如下雨天气过后充电,由于空气湿度较大,应将充电机接通电源后,待里面风扇工作30min后才能开始充电 (5)充电机在运行过程中如发生异常,应将该设备电源切断后才能进行维修。严禁非专业人士拆开充电机,所有操作及维修人员需经专业培训后才能上岗。为避免充电机危及人身安全,故障发生后应过15min才能将充电机拆开维修,且应做好防静电措施 (6)严禁在充电机周围堆放物品,现场应当配备相应的灭火器材 (7)充电过程中,应当注意监视充电机的温升情况。在环境温度40℃的情况下,可用手接触部分允许最高温度,金属部分是50℃,非金属部分是60℃;可用手接触但不必紧握部分允许最高温度,金属部分是60℃,非金属部分是85℃。在任何情况下,充电机的温度都不能超过允许值,在充电机的温升过高时,可以采取人工减小充电电流或充电机自动切除充电回路的防护措施,以降低温升 (8)充电操作时,应检查充电机插头联锁装置或保护装置的操作连接,保证插销处于带电状态时不会从插座或者连接器中拔出,或开关装置处于"ON"位置时不会被插入插座或连接器 (9)在以整车方式充电时,充电机与电动汽车的连接,必须确保通信线插头确实插入插座并连接无误后,才能实现充电线的连接;充电机和电动汽车脱离时,必须确保充电线插头拔出后,才能断开通信线

8.2.4 交流充电机安全操作

交流充电机安全操作见表8-5。

表8-5 交流充电机安全操作

项目	具体内容
充电的准备	(1)安全事项 ①操作前必须确认工作服、安全帽、绝缘鞋以及绝缘手套穿戴到位 ②操作前必须确认充电桩的充电插座不带电,并确认电动汽车上的插头定义与充电桩插座插孔的定义一致 ③操作前必须确认电动汽车电源已经关闭 ④确认电动汽车是交流单相220V充电,并且功率不大于5kW

续表

项目	具体内容
充电的准备	⑤确认车辆停靠在正确的车位 ⑥充电操作时必须一人操作、一人监护,并且周围没有闲杂人员 (2)充电前交流充电桩的检查 ①若接触器、液晶显示工作不正常,勿开机,等待维修处理 ②启动充电前,确认充电桩、车辆的连接插头连接可靠与否 ③确认该型号充电桩与车辆相匹配 交流充电桩为高电压、大功率设备,为保证设备及人身安全,应在操作前认真阅读操作说明,并按说明步骤进行操作。操作前应保持手指、触摸笔干燥;严禁使用尖锐物品触击触摸屏;操作过程中应按界面提示正确操作
运行中	(1)密切监控交流充电桩的运行状态,包括充电电压、充电电流以及电池温度等 (2)充电如发现异常应立即停机处理,记录故障现象并及时反馈给交流充电桩技术人员,待相关人员处理
注意事项	(1)避免交流充电桩故障运行,如发现设备内异响、机内有不正常气味或烟雾产生、电池电压显示异常、液晶屏显示异常、各信号指示灯显示异常等故障现象应立即停机处理,以避免造成更多的元件损害 (2)操作按键时不能用力过大,禁止用硬物涂刮充电机外壳和液晶屏 (3)交流充电桩外壳接地应符合验收规范及设计要求。禁止在充电过程中突然断开电源或充电电缆 (4)如遇雷电天气,为保护设备不受损害,建议停止充电 (5)交流充电桩在运行过程中如发生异常,应将该设备电源切断后才能进行维修。严禁非专业人士拆开设备,所有操作及维修人员需经专业培训后才能上岗 (6)严禁在交流充电桩周围堆放物品,现场应配备相应的灭火器材 (7)充电过程中,应注意监视交流充电桩的温升情况。在环境温度40℃的情况下,可用手接触部分允许最高温度,金属部分是50℃,非金属部分是60℃;可用手接触但不必紧握部分允许最高温度,金属部分是60℃,非金属部分是85℃。在任何情况下,交流充电桩的温度都不能超过允许值,在设备的温升过高时,可采取人工减小充电电流或自动切除充电回路的防护措施,以降低温升 (8)充电操作时,应检查充电插头联锁装置或者保护装置的操作连接,保证插销处于带电状态时不会从插座或连接器中拔出,或者开关装置处于"ON"位置时不会被插入插座或连接器 (9)在交流充电桩与电动汽车连接时,必须确保通信线插头确实插入插座,并连接无误后,才能实现充电线的连接;交流充电桩与电动汽车脱离时,必须确保充电线插头拔出后,才能断开通信线

8.3 电动汽车动力蓄电池的安全管理

8.3.1 动力蓄电池的安全环境

(1) 动力蓄电池的安全环境防护危险点分析

① 动力蓄电池对地及极间的绝缘降低,导致短路或自放电电流加大,使蓄电池容量降低、寿命缩短。

② 在动力蓄电池与车辆的导电体连接在一起时,充电系统未提供车体和电源之间的电隔离,导致短路故障及动力蓄电池的充电故障。

③ 动力蓄电池两个极性端子及带电部件与电底盘之间的爬电距离达不到规范要求,导致蓄电池容量降低、寿命缩短。

④ 动力蓄电池连接的电路发生短路,无过电流断开装置或者过电流断开装置动作不可靠,使故障范围扩大。

⑤ 动力蓄电池无保护功能,在蓄电池异常情况下,出现着火、爆炸,导致设备及人身事故。

⑥ 动力蓄电池的储存环境达不到规范要求,导致蓄电池提前损坏。

⑦ 不执行操作规范,在搬运蓄电池时导致损坏。

(2) 动力蓄电池安全环境的安全措施

① 动力蓄电池的整个寿命期间，蓄电池的绝缘电阻除以标称电压，所得值应不大于 $100\Omega/V$。定期清除极间的杂质，提高极间的绝缘强度。

② 在动力蓄电池和车辆的导电体连接在一起时，充电系统应提供车体和电源之间的电隔离，保证动力蓄电池的电路及充电的可靠性。

③ 在正常工作状态下，为了防止电解液泄漏，导致两个极性端子与任何带电部件之间出现附加的泄漏电流，应检查蓄电池的爬电距离是否符合规范要求。

④ 动力蓄电池必须装设过电流断开装置，过电流断开装置要经过校验，动作应可靠。

⑤ 动力蓄电池应有温度异常保护，应有防火及防爆保护。

⑥ 动力蓄电池的储存温度是 5~40℃，电池应储存在干燥、清洁及通风良好的仓库内；应不受阳光直射，距离热源不得少于 2m，不倒放及卧放，不得受机械冲击或重压。

⑦ 蓄电池搬运过程中不得受剧烈机械冲撞、雨淋、暴晒，不得倒置；装卸时应轻搬轻放，严禁摔掷、翻滚或重压。

8.3.2 动力蓄电池充电的安全管理

(1) 动力蓄电池充电的危险点分析

① 在进行电池充电时，由于未使用绝缘工具及未戴绝缘手套而使电池短路，导致设备损坏、人身伤害。

② 充电操作前未对直流充电桩插头验电，充电操作时带电流插充电插头，产生的电弧导致设备损坏、人身伤害。

③ 车辆进站，未了解电池的型号、参数和性能，盲目充电，导致电池的欠充电或过充电损坏。

④ 未确认电动汽车上的插头定义与充电桩插座插孔的定义是否一致，导致电池充电操作失败。

(2) 动力蓄电池充电的安全措施

① 操作前必须确认工作服、安全帽以及绝缘鞋穿戴到位；应使用绝缘工具并戴绝缘手套。

② 加强安全监护，严格执行充电操作规范。电池充电时一人监护，一人操作。

③ 确认该型号充电机与车辆相匹配；了解各型号电池的性能及充电参数；对电池的充电参数进行正确设置，充电全程监控。

④ 充电操作按规范进行，充电操作前检查充电插头定义和充电桩插座插孔的定义是否一致，必须确认直流充电桩插头带电与否，然后再进行充电操作。

8.3.3 电动汽车用锂离子蓄电池充电的安全管理

(1) 锂离子蓄电池充电的危险点分析

① 锂离子蓄电池充电的单体电池电压超过 4.3V，导致电池的过充电损坏或引起电池的爆炸。

② 锂离子蓄电池充电的温度超过 50℃，造成电池的过热损坏。

③ 锂离子蓄电池组充电时，电池与电池之间的电压、温度均衡性差，导致电池过充电或欠充电，造成电池的充电达不到容量的额定值。

④ 充电机和电池管理系统（BMS）通信中断超过限制时间，锂离子蓄电池组充电控制发生异常。

(2) 锂离子蓄电池充电的安全措施

① 锂离子蓄电池充电的单体电池电压超过 4.3V，应立即停机，显示相应代码，锁定输出，然后重新启动充电机。

② 锂离子蓄电池充电的温度高于 50℃，立即停机，显示相应代码，锁定输出，重新启动充电机。

③ 锂离子蓄电池组充电时的电压、温度均衡性差，是由于电池组中有故障电池而造成的，应停止充电，根据故障码排除故障电池，再进行充电。

④ 充电机和电池管理系统（BMS）通信中断超过限制时间，应立即停机，依据故障码排除故障。

8.3.4 更换动力蓄电池的安全管理

(1) 更换动力蓄电池的危险点分析

① 对从电动汽车上卸载的电池进行组装时，有将电池与电池、电池与充电机极性接反的现象，导致电池不能充电，或将电池充爆炸的现象。

② 在进行电池组装时，由于未使用绝缘工具及未戴绝缘手套而使电池短路，导致设备损坏、人身伤害。

③ 在进行电池组装时，在电池上乱放钳子、扳手等金属工具，造成短路导致烧伤、蓄电池破损。

④ 在蓄电池的端子部分、连接导体及螺栓、螺母处未正确安装绝缘盖，会有触电的危险。另外，如不正确安装，发生短路时可能引发烧伤、蓄电池受损及造成爆炸。

⑤ 电池室着火时，灭火措施选择不当及废弃蓄电池处置不当，导致设备损坏、人身伤害。

⑥ 清洁蓄电池外壳时，含有软质氯乙烯等可逆性的薄膜、绝缘线或挥发油、汽油、香蕉水等有机溶剂、洗涤剂接触蓄电池外壳及盖子，导致蓄电池外壳开裂、裂纹。

⑦ 不执行现场工作规范，拆卸和组装单个蓄电池，导致电解液接触皮肤或衣服，造成人身伤害。

⑧ 使用不合格电动工具，不执行"一机一闸一保护"的规定，违反操作规程，导致人身伤害事故。

⑨ 非专业人员指挥运输、吊装蓄电池设备，搬运时安全措施不到位，导致设备损坏或人身伤害事故。

(2) 更换动力蓄电池的安全措施

① 在电池组装完成之后，应有专人对电池的连接紧固情况及极性连接的正确性进行一次认真核对，以确保组装电池的连接正确及充电正常。

② 从电动汽车上卸载的电池虽已放过电，但仍存有高电压，在进行电池组装过程中须特别小心，谨防短路。整组蓄电池电压较高，在安装和使用过程中应使用绝缘工具并戴绝缘手套，避免被电击和电池短路。

③ 蓄电池上禁止放钳子、扳手等金属工具，否则有造成短路、烧伤、蓄电池破损的危险。

④ 认真执行现场工作规范，在电池组装完成后，检查绝缘盖及其他附件安装正确与否，保证安装质量。

⑤ 废弃电池交给当地县级以上人民政府环境保护行政主管部门指定的单位处理。电池室着火时，应使用四氯化碳或干燥沙子灭火，不能使用二氧化碳灭火器灭火。

⑥ 应用肥皂水清洁蓄电池外壳,含有软质聚氯乙烯等可逆性的薄膜或汽油等有机溶剂、挥发油、香蕉水、洗涤剂不能接触蓄电池外壳及盖子,否则会引起蓄电池外壳开裂、裂纹,导致漏酸。清洁用布应柔软干净,防止使用易产生静电的布类(如化纤类织物)擦拭蓄电池。

⑦ 不得拆卸和组装单个蓄电池,如果因机械损伤蓄电池,致使电液接触到皮肤或衣服上,应立即用水清洗。如果溅入眼中,应用大量清水冲洗并去医院治疗。

⑧ 必须使用合格电动工具,执行"一机一闸一保护"的规定,禁止戴手套使用电动工具。

⑨ 运输、吊装蓄电池设备必须由专业人员进行;搬运时必须有保险绳保护,有专人统一指挥。

(3) 更换后的废弃蓄电池的处置

① 废弃蓄电池处置的注意事项。

a. 用过的蓄电池如随意丢弃会污染环境,废弃的电池可以回收利用。返还时,应用黏性胶带对端子进行绝缘处理。用过的电池还残留着电能,因此如不对端子进行绝缘处理,有可能发生短路,产生火花,严重的会导致蓄电池爆炸而造成设备损坏或者人身伤害。

b. 禁止分解、改造及破坏蓄电池,否则会造成蓄电池漏液、发热、爆炸。

c. 禁止将蓄电池投入火中或加热。

② 废弃蓄电池的处置事项。

a. 交给当地县级以上人民政府环境保护行政主管部门指定的单位处理。

b. 通过向当地县级以上人民政府环境保护行政主管部门咨询,联络具备处理资格的厂商处置。

c. 直接交给持有危险废物经营许可证的厂商处理。

d. 与经销商联系。

③ 对于危险废物处理的有关法规(摘选)。《中华人民共和国固体废物污染环境防治法》[2019年6月5日,国务院常务会议通过《中华人民共和国固体废物污染环境防治法(修订草案)》] 摘选如下。

第十六条:产生固体废物的单位和个人,应当采取措施,防止或者减少固体废物对环境的污染。

第五十五条:产生危险废物的单位,必须按照国家有关规定处置危险废物,不得擅自倾倒、堆放;不处置的,由所在地县级以上地方人民政府环境保护行政主管部门责令限期改正;逾期不处置或者处置不符合国家有关规定的,由所在地县级以上地方人民政府环境保护行政主管部门指定单位按照国家有关规定代为处置,处置费用由产生危险废物的单位承担。

第五十七条:从事收集、贮存、处置危险废物经营活动的单位,必须向县级以上人民政府环境保护行政主管部门申请领取经营许可证;从事利用危险废物经营活动的单位,必须向国务院环境保护行政主管部门或者省、自治区、直辖市人民政府环境保护行政主管部门申请领取经营许可证。具体管理办法由国务院规定。

禁止无经营许可证或者不按照经营许可证规定从事危险废物收集、贮存、利用、处置的经营活动。

禁止将危险废物提供或者委托给无经营许可证的单位从事收集、贮存、利用、处置的经营活动。

8.4 电动汽车充电站工作区的安全管理

8.4.1 配电设备的安全管理

配电设备的安全管理见表 8-6。

表 8-6 配电设备的安全管理

配电设备	安全管理
充电站主变压器	(1)充电站主变压器的故障现象分析 ①变压器运行声响明显增大,很不均匀,有爆裂声 ②变压器有严重破损及放电现象 ③变压器冒烟着火 ④发生危及变压器安全的故障,而变压器保护拒动 ⑤变压器附近的设备着火、爆炸或者发生其他异常情况,对变压器构成严重威胁 ⑥变压器温度升高超过允许限度 (2)充电站主变压器的异常运行及事故处理措施 ①当变压器运行声响明显增大,很不均匀,有爆裂声时,应汇报上级和有关部门,立即把变压器停运 ②变压器有严重破损和放电现象,应向上级和有关部门汇报,停运变压器 ③变压器冒烟着火,应立即将变压器停运 ④当发生危及变压器安全的故障,而变压器保护拒动时,应将变压器停运,尽快将故障消除 ⑤当变压器附近的设备着火、爆炸或发生其他异常情况,对变压器构成严重威胁时,应将变压器停运,尽快消除故障 ⑥变压器温度升高超过允许限度时,应判明原因,采取措施使其降低,步骤是:检查变压器的负载与环境温度,并与同一负载和环境温度下的温度核对;检查变压器冷却风机的运转是否正常
充电站 10kV 开关柜	(1)充电站 10kV 开关柜的故障现象分析 ①断路器的机构"弹簧未储能"信号长时间发出,同时没有其他异常信号 ②断路器的引线连接部位有过热变色现象 ③断路器的支持绝缘子或者瓷套管破损,有放电现象 ④真空断路器出现明显声音现象 (2)充电站 10kV 开关柜安全运行的安全措施 ①断路器的机构"弹簧未储能"信号长时间发出,同时无其他异常信号,可能是储能电机电源空气开关跳闸,应仔细检查二次回路。在检查回路正常后,应把电源空气开关强送一次,合上电机电源空气开关,若仍然不能恢复,应当及时向上级部门汇报,通知专业人员进行处理 ②当发现断路器的引线连接部位有过热变色现象时,应加强运行监视,情况严重时应申请停电处理 ③断路器的支持绝缘子或瓷套管破损,有放电现象,应及时向上级部门汇报,申请停电处理 ④真空断路器出现明显声音现象,应及时向上级部门汇报,申请停电处理
充电站 10kV 电流互感器	(1)充电站 10kV 电流互感器的故障现象分析 ①将运行中的二次回路开路,造成人身及设备事故 ②工作中误把电流互感器二次侧永久接地点断开 ③电流互感器瓷件外部破损裂纹,有放电痕迹及其他异常 ④电流互感器支持绝缘子或者瓷套管破损,有放电现象 ⑤电流互感器的引线连接部位有过热变色现象 ⑥在电流互感器与短路端子导线上工作,导致设备异常运行 (2)充电站 10kV 电流互感器安全运行的安全措施 ①严禁将运行中的二次回路开路。短路电流互感器二次绕组应使用短路片或者短路线,严禁用导线缠绕 ②工作中严禁将电流互感器二次侧永久接地点断开。工作时应有专人监护,使用绝缘工具,并站在绝缘垫上 ③电流互感器瓷件外部破损(裂纹),有放电痕迹和其他异常,应加强运行监视,情况严重时应申请停电处理 ④电流互感器支持绝缘子或者瓷套管破损,有放电现象,应加强运行监视,情况严重时应申请停电处理 ⑤电流互感器的引线连接部位有过热变色现象,应加强运行监视,情况严重时应申请停电处理 ⑥在电流互感器与短路端子导线上工作,应当有严格的安全措施,必要时申请停用有关保护装置、安全自动装置、计量装置或者自动化监控系统

续表

配电设备	安全管理
充电站 10kV 电压互感器	(1)充电站 10kV 电压互感器的故障现象分析 ①在运行中的电压互感器二次回路上工作,将二次回路短路,导致人身及设备事故 ②接临时负载未采取隔离保护措施或者工作时误将二次侧安全接地点断开 ③电压互感器的引线连接部位有过热变色现象 ④电压互感器支持绝缘子或者瓷套管破损,有放电现象 ⑤电压互感器瓷件外部破损(裂纹),有放电痕迹及其他异常 ⑥电压互感器的二次回路通电试验时,安全措施不到位,导致人身及设备事故 (2)充电站 10kV 电压互感器安全运行的安全措施 ①在运行中的电压互感器二次回路上工作,应使用绝缘工具,戴绝缘手套,必要时申请停用有关保护装置、安全自动装置、计量装置或者自动化监控系统 ②接临时负载,应装有专用的隔离开关(刀闸)和熔断器,工作时应有专人监护,严禁把永久接地点断开 ③电压互感器的引线连接部位有过热变色现象,应加强运行监视,情况严重时应申请停电处理 ④电压互感器支持绝缘子或者瓷套管破损,有放电现象,应加强运行监视,情况严重时应申请停电处理 ⑤电压互感器瓷件外部破损(裂纹),有放电痕迹和其他异常,应加强运行监视,情况严重时应申请停电处理 ⑥电压互感器的二次回路通电试验时,为避免由二次回路向一次回路反送电,除应将二次回路断开外,还应取下电压互感器的高压熔断器或断开电压互感器的一次隔离开关(刀闸)
充电站 电力电缆	(1)充电站电力电缆运行的故障现象分析 ①电力电缆超负荷运行,导致设备故障 ②电力电缆接头接触不良,有过热变色现象 ③电力电缆端头有相色脱落、端头脱胶及放电现象 ④电力电缆停电运行超过了规定期,在送电时没进行相关试验造成设备事故 (2)充电站电力电缆运行的安全措施 ①在正常情况下,通常不允许电力电缆过负荷运行,在紧急事故时允许过负荷运行 ②电力电缆接头接触不良,有过热变色现象,应加强运行监视,情况严重时应申请停电处理 ③电力电缆端头有相色脱落、端头脱胶及放电现象,应加强运行监视,情况严重时应申请停电处理 ④电力电缆停电超过一星期,但是不满一个月,在重新投入运行前,应用绝缘电阻表测量绝缘电阻。停电超过一个月,必须进行耐压试验
充电站继电保护装置	(1)充电站继电保护装置运行的故障现象分析 ①保护装置的工作方式和设备的工作状态不对应,投入的保护装置对设备不能起到保护作用 ②保护装置的停、加用未经专业人操作,有漏投、误投现象,使保护装置的可靠性降低 ③保护装置的停、加用操作方式不正确,有导致保护误动的可能 ④停、加用保护装置时未核对装置的位置及编号,有误操作现象 ⑤停、加用保护装置电源未按规范操作,导致保护装置的误动 ⑥电气设备无保护投入运行,系统故障导致设备事故 ⑦保护装置在 10kV 开关柜正常运行与检修状态时的加入方式不正确,导致保护装置的拒动、误动 ⑧充电站配电系统的保护装置与所在供电网的保护系统未产生梯级配合,充电站配电系统的故障有造成上级断路器越级跳闸的现象 ⑨充电站的保护装置及配电系统的停、送电未经电调调度允许,独立操作,导致电网故障或事故 (2)充电站继电保护装置安全运行的安全措施 ①保护装置在投入运行前,应当认真检查设备状态 ②保护装置停、加用操作均通过值班人员进行 ③保护装置的停用应先停用出口连接片,再停用装置电源;加用时先加装置电源,检查装置工作正常后再加出口连接片;需要停用交流电时,应最后停交流电 ④操作前应核对装置的位置和编号正确,操作完毕后应复核 ⑤停、加用保护装置电源时应迅速果断 ⑥无保护的电气设备严禁投入运行 ⑦10kV 开关柜正常运行时应加用"保护跳闸连接片",检修状态时应投"检修状态连接片" ⑧配电系统的保护装置和所在供电网协调一致 ⑨充电站的保护装置及配电系统的停、送电操作服从电网调度

8.4.2 监控室的安全管理

① 在充电站的主要设备区、收费厅以及人员进出口安装摄像头。监控室的安全监控系统能对充电站的环境、设备安全、防火、防盗进行视频监控。

② 利用智能监控网络对充电机工作状态进行跟踪检测,对工作历史进行记录。在发生危及安全的事件时发出声光告警,并确保记录发生事件后至少1h内的详细事故信息。

③ 充电监控系统的局域网和其他信息系统相连时,必须采用可靠的安全防护措施,确保系统网络安全。

④ 监控主站的供电电源必须安全可靠,在必要时应加装UPS交流不间断电源。

⑤ 计算机安装内置CAN卡,通信媒体采用双绞屏蔽线,屏蔽层在监控主机一点接地。

⑥ 充电监控系统的局域网和其他信息系统相连时,必须采用可靠的安全防护措施,确保系统网络安全。

⑦ 充电监控系统与电池管理系统的通信必须正常,避免电池充电出现危险工况,在电池充电出现异常时自动停止充电,并自动断开充电机的交流电源。

⑧ 监控室应具有火灾探测装置。

⑨ 监控室应具有常规消防设施和应急情况下的处理预案。

8.4.3 充电区的安全管理

① 充电电源应具有为电动汽车动力电池系统安全自动地充满电的能力,充电电源依据动力电池管理系统(BMS)提供的数据,动态调整充电参数,执行相应动作,完成充电过程。

② 充电机应具有过电压、欠电压、直流输出侧过电流、电池反接、输出短路、过温及电池故障等保护功能。

③ 充电电源应具有故障报警功能,可以主动向监控系统发出故障报警信息。

④ 为了实现充电的操作安全,电动汽车和充电机的连接器应有联锁装置,插头插拔过程实现充电机主回路处于断路状态,确保非带电操作。

⑤ 对于整车充电方式,必须有联锁措施:应当首先连接接地线,最后连接控制导引电路;在断开过程中,应首先断开控制导引电路,最后断开接地线。

⑥ 车辆连接器应有锁紧装置,用以避免车辆连接器与电动汽车连接时意外断开。

⑦ 充电过程中,如果发现异常,应立即中止充电,防止由于个别电池充电电压超过了安全电压范围,发生燃烧、爆裂等问题。

⑧ 充电操作应由两人进行,即一人操作,一人监护。

⑨ 充电操作人员必须穿工作服、绝缘鞋及戴绝缘手套。

8.4.4 电池更换区、电池存换库的安全管理

电池更换区、电池存换库的安全管理见表8-7。

表8-7 电池更换区、电池存换库的安全管理

区域	安全要求及安全措施
电池更换区	(1)对已充电待装载的电池,应再次检查其电压正常与否、连接是否完好,是否有影响车辆运行的危险因素存在 (2)已更换电池的电动汽车,在驶离电池更换区之前,应检查电池管理系统(BMS)显示的各项数据是否正常。如果有异常,应及时检查处理

续表

区域	安全要求及安全措施
电池更换区	(3)在电池更换区对卸载的电池进行故障诊断时,除根据电池管理系统(BMS)的记录来分析判断故障外,还要认真核查,以确定故障的准确性 (4)更换电池组的机械操作人员应经专业培训,经考试合格,并取得上岗操作证 (5)更换电池组的装卸操作应由两人进行,即一人指挥,一人操作
电池存换库	(1)蓄电池应储存在温度为 5～40℃、干燥、清洁及通风良好的仓库内 (2)蓄电池不得倒置及卧放,并防止机械冲击或重压 (3)蓄电池应不受阳光直射,距离热源不得少于 2m (4)蓄电池运输荷电状态应低于 40%,在运输中不得受剧烈机械冲撞、暴晒、雨淋,不得倒置 (5)存换库内电池燃烧、爆裂着火时,应使用四氯化碳灭火器或者干燥沙子灭火,不能使用二氧化碳灭火器灭火

8.4.5 电池维护工作间的安全管理

电池维护工作间的电池安全要求和安全措施如下。

① 对从电动汽车上卸载的电池进行故障排查及故障电池分离工作时,应使用绝缘工具及戴绝缘手套,避免电池短路,造成设备损坏、人身伤害。

② 在对有故障的电池进行检测、筛选以及维护时,除了参照电池管理系统(BMS)记录的各项数据外,还要进行人工综合检查,分析故障的原因,从根本上排除故障。

③ 在电池分离组装完成之后,应有专人对电池的连接紧固情况及极性连接的正确性进行一次认真核对,以确保组装电池的连接正确及充电正常。

④ 对废弃电池的处理,应遵循环境保护的相关规定执行。

⑤ 电池维护工作间的消防等级,应按化学危险品进行处理。

8.5 电动汽车充电站的安防监控系统

8.5.1 充电站安防监控系统的组成

充电站安防监控系统由视频工作站、红外对射报警装置、嵌入式硬盘录像机、消防报警主机、温湿度传感器、门禁装置、摄像头、高压脉冲电子围栏等组成。如图 8-1 所示为充电

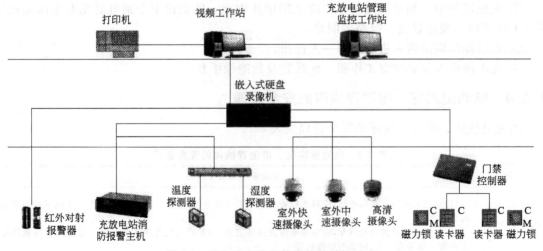

图 8-1 充电站安防监控系统的结构组成

站安防监控系统的结构组成。如图8-2所示为充电站安防监控系统设备的室内安装布置。充电站安防监控系统设备的室外安装布置如图8-3所示。

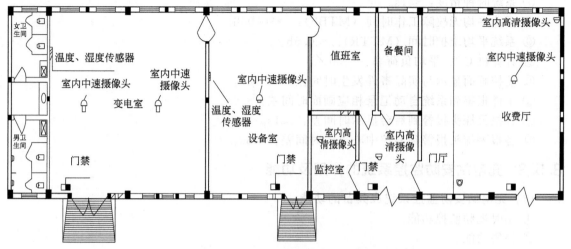

图 8-2　充电站安防监控系统设备的室内安装布置

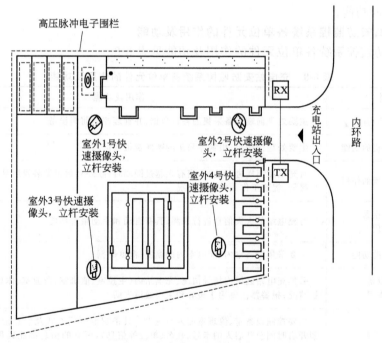

图 8-3　充电站安防监控系统设备的室外安装布置

8.5.2　充电站安防监控系统的主要性能指标要求

① 系统可用率：＞99％。
② 同屏同时可监视的充电站数量：≥4个。
③ 监控中心的监控终端（工作站）图像切换响应时间：＜1s。
④ 图像传输帧速率：12～25帧/s，可调。

⑤ 图像分辨率：达到 CIF 格式（352×288）以上（包括 CIF 格式）。
⑥ 计算机显示分辨率：≥800×600。
⑦ 系统时钟精度：<1s。
⑧ 系统平均无故障工作时间（MTBF）：>30000h。
⑨ 系统平均维护时间（MTTR）：<0.5h。
⑩ 计算机 CPU 平均负荷率：<30%。
⑪ 监控画面显示与实际事件发生时间差：<0.5s。
⑫ 事件报警到系统自动记录相应画面时间差：<1s。
⑬ 各报警探头报警到后台显示时间差：<1s。
⑭ 各报警探头报警到监控中心显示时间差：<3s。

8.5.3 充电站安防监控系统的作用及功能

(1) 充电站安防监控系统应具备的功能
① 实时视频监控功能。
② 报警功能。
③ 控制功能。
④ 图像录像功能。
⑤ 系统对时功能。

(2) 充电站安防监控系统各单位元件的作用及功能
充电站安防监控系统各单位元件的作用及功能见表 8-8。

表 8-8 充电站安防监控系统各单位元件的作用及功能

单位元件	作用及功能
视频工作站的功能	主要处理前端设备采集的各种数据，并管理控制前端设备
嵌入式硬盘录像机的功能	主要处理摄像机、报警器采集的图像及报警信息
红外对射报警装置的作用	对充电站四周进行监控，当有人越过围墙时，红外对射报警装置启动，在监控后台机发出报警，提醒工作人员查看情况
充电站消防报警主机的作用	对充电站的火灾信息进行采集，具有自动和手动报警功能
温湿度传感器的功能	主要采集设备室内、配电室内的温度、湿度数据
站端监控设备摄像头的作用	采集充电站区域内场景情况、充电站内（主控室、值班室、营业室、休息室、设备室等）场景情况；报警器主要用于边界和主要通道安防
门禁装置的功能	主要控制设备室、值班室的人员进出。具备刷卡开门方式及信息记录功能（能记录门禁开启时间及开启人的卡号、姓名、单位等信息），所有的信息都能远程读取，能按时间、地点进行多种组合的权限设置，具备非法闯入报警、非法卡刷卡报警等多种报警功能
客户端监控软件功能	包括灵活的镜头控制功能、动态拍照功能、报警联动处理功能、录像检索与回放功能、录像导出与备份功能
高压脉冲电子围栏的作用	充电站有形围墙阻挡性较弱，入侵者较容易攀爬窜入。为了避免充电站设备、物资被盗及工作人员安全，电子围栏周界防范系统融合外围边界围墙或者内部建筑物外墙贴边的区域，第一时间警示事发现场情况，在起到威吓入侵者的同时，及时告知安保人员赶往案发地点进行处理，并可和其他安防系统联网，提高周界现场威慑的等级和警戒监控的水平

8.5.4 充电站安防系统的异常现象及可能原因

充电站安防系统的异常现象及可能原因见表 8-9。

表 8-9 充电站安防系统的异常现象及可能原因

异常现象	可能原因
打开 220V 电源开关,面板"POWER"灯不亮,机箱风扇不转	(1)电源线坏 (2)开关电源坏
打开 220V 电源开关,面板"POWER"灯亮且为绿色,机箱风扇不转	(1)面板电缆线坏 (2)风扇坏
打开 220V 电源开关,面板"POWER"灯亮且为绿色,但是面板其余指示灯立刻全部亮起,机箱风扇不转	主板上 ATX 插头松动,未插到底
硬盘录像机开机后不断重启,且每隔 10s 左右发出一次"嘀"声	(1)升级了错误程序或软件被破坏 (2)压缩板损坏 (3)主板损坏
硬盘录像机开机后,VOUT 上连接的监视器无图像	(1)监视器所连接的视频线损坏 (2)硬盘录像机的接口板损坏 (3)硬盘录像机的主板损坏
在启动开机时,硬盘找不到	(1)硬盘电缆线损坏 (2)硬盘电源线没插 (3)硬盘损坏
开机后 RS-232 串口在字符终端界面上无输出,或者 RS-232 串口输出正常,但是在敲键盘时终端界面上无响应	(1)配置的波特率不匹配 (2)RS-232 串口电缆损坏 (3)PC 机的串口损坏 (4)主板的 RS-232 串口损坏
硬盘录像机的 RS-485 接口上连接的云台不受控制	(1)RS-485 接口电缆线不正确 (2)云台解码器类型不对 (3)主板的 RS-485 接口损坏
在客户终端无法进行视音频网络传输	(1)在客户端界面上的"本地配置"中输入的硬盘录像机 IP 地址、端口号、用户名、密码中的一项或多项不对 (2)网络线不好 (3)主板的网络接口坏

8.5.5 红外对射报警装置报警后的处理

红外对射报警装置报警时,主控电脑弹出报警窗口,显示"电动汽车充电站××处红外线对射装置报警",此时应当立即将户外摄像头调至报警位置,仔细查看现场情景,发现有可疑人员或者事件应立即通知保安前往现场,在确认进入充电站人员为非法进入后,劝其离开充电站,当劝离无效时应拨打 110,交由公安机关处理。

8.6 电动汽车充电站的火灾报警系统

8.6.1 充电站火灾报警系统的组成及作用

(1) 充电站火灾报警系统的组成

充电站火灾报警系统由火灾报警控制器、感烟探测器、编码型手动报警按钮、声光警报器、输出模块及电源等部分组成。充电站火灾报警系统的组成及工作原理示意如图8-4所示。

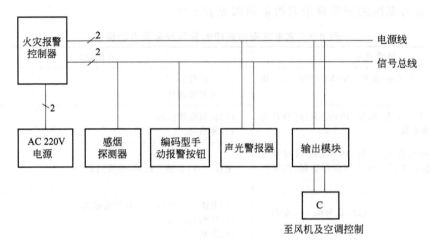

图 8-4　充电站火灾报警系统的组成及工作原理示意
2—2根线

充电站火灾报警系统的组成见表8-10。

表 8-10　充电站火灾报警系统的组成

组成	功能
火灾报警控制器	火灾报警控制器是接收、显示和传递火灾报警信号,并可以对自动消防设备发出控制信号的报警装置。新型报警控制器采用模块化结构、网络仿真及社会智能消防网络等技术,使消防报警控制器趋于更加智能化 通过火灾报警控制器能够查询每个火灾探测器的地址及模拟输出量,其响应阈值可自动浮动、分级报警、逐一监视,使系统的可靠性大大提高,降低误报率。火灾报警控制器具有火灾报警自检功能、复位功能、消音功能、故障报警功能、火警优先功能、报警记忆功能、电源自动转换和备用电源的自动充电功能、备用电源的欠压和过压报警功能,如图8-5所示
感烟探测器	感烟探测器为火灾报警系统的重要组件,是消防报警系统的"感觉器官"。它的作用是监视环境中有没有火灾发生。一旦发生火情,便把火灾的特征物理量如烟雾浓度、温度、气体以及辐射光强等特征转换成电信号,并向报警控制器发送及报警 根据监测的火灾特性不同,火灾探测器可分为感烟、感温、感光、复合以及可燃气体等类型。火灾探测器的选择,要根据探测区域内可能发生的初期火灾的形成及发展特点、房间高度、环境条件以及可能引起误报的原因等因素综合确定,如图8-6所示
手动报警按钮	在工作场所现场发生火灾时,由人工手动按动报警按钮向报警控制器发送报警信号,如图8-7所示
火灾报警装置	火灾报警装置由报警控制器实行控制,在有火灾信号时,相应区域或者楼层发出灯光、音响报警,对人员起到警示作用,以便快速进行火灾处理。火灾声、光报警装置如图8-8所示
输出模块	工作场所现场发生火灾时,火灾报警控制器发出控制信号,由输出模块切断相关场所风机和空调的控制电源
电源	火灾报警装置是充电站重要的消防设施,利用火灾报警装置对充电站内需要监测的部位进行不间断的监视,因而为其提供可靠的供电电源是使系统能够正常运行的重要保证

图 8-5　火灾报警控制器

图 8-6　感烟探测器

图 8-7　手动报警按钮

图 8-8　火灾声、光报警装置

如图 8-9 所示为充电站火灾报警系统的设备布置。

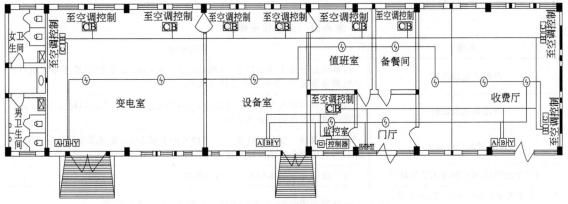

图 8-9　充电站火灾报警系统的设备布置

(2) 充电站火灾报警系统的作用

火灾报警控制器安装在充电站的监控室内，在电动汽车充电站办公楼安装有火灾探测器、手动报警按钮以及消防警铃等设备。当办公楼发生火灾时，探测器发出报警信号至监控室火灾报警控制器，在火灾报警控制器显示相应位置的火灾信息，并启动相应位置的报警，通过 RS-485 口把信息送至充电站的监控系统。

充电站设置火灾报警系统的根本目的是能早期发现和通报火灾，及时采取有效措施控制和扑灭火灾，减少或避免火灾损失，保护人身及财产安全。

8.6.2 充电站火警的处理

当发生火灾时，控制器所连接的警报器发出报警声，提示人员有火警存在，若值班人员发现不是真实火警时，可按"声光警报消音/启动"键来禁止警报器和音响器发出声音报警，警报器消音的同时控制器的"声光警报消音"指示灯亮。

如果值班人员检查确认有火灾发生，应根据火情采取如下措施。

① 启动报警现场的声光警报器，发出火警声光提示，通知现场人员撤离。
② 拨打消防报警电话报警。
③ 启动消防灭火设备等。

如果是误报警，应采取如下措施。

① 检查误报火警部位是否灰尘过大、温度过高，确认是否因为人为或其他因素导致误报警。
② 按"复位"键使控制器恢复正常状态，观察是否还会误报；若仍然发生误报可将其屏蔽，并尽快通知安装单位或者厂家进行维护。

火灾报警控制器在第一次报警复归后，如果再有新的火警发生时将会再次发生声音报警，同时，控制器的"声光警报消音"指示灯熄灭。

火灾报警控制器也可通过按下"警报器消音/启动"键来手动启动控制器所连接的警报器，控制器将提示"按确认键启动所有警报输出"，在按确认键之后，警报器和音响器将启动。"警报器消音/启动"键需要使用用户密码（或更高级密码）解锁之后才能进行操作。

8.6.3 充电站火灾报警器的故障与异常处理

火灾报警器发生故障时，首先应按"消音"键中止警报声，然后应当根据控制器的故障信息检查发生故障的部位，确认是否有故障发生。若火灾报警器有故障发生，应根据情况采取相应措施，见表 8-11。

表 8-11 采取相应措施

故障	相应措施
当报主电故障时	应确认是否发生市电停电，否则检查主电源的接线、熔断器是否发生断路。主电断情况下，备电可以连续供电 8h
当报备电故障时	应检查备用电池的连接器及接线；当备用电池连续工作时间超过 8h 后，也可能因电压过低而报备电故障
若为现场设备故障	应及时维修。如果因特殊原因不能及时排除故障，应将其屏蔽，待故障排除后再利用设备取消屏蔽功能将其恢复
当发生故障原因不明或无法恢复时	应尽快通知安装单位或厂家进行维护
若系统发生异常的声音、光指示及气味等情况时	应立即关闭电源，并尽快通知安装单位或厂家进行维护

8.6.4 充电站火灾自动报警系统的施工

(1) 工艺要求

工艺要求见表 8-12。

表 8-12 工艺要求

工艺	要求
布线	(1) 不同系统、不同电压等级以及不同电流类别的线路,不应在同一线管或同一线槽孔内敷设 (2) 在吊顶内敷设各类管路和线槽时,宜采用单独的卡具吊装或者支撑物固定。经装修单位允许,直径 20mm 以下的钢管可固定在吊杆或主龙骨上 (3) 管子入盒时,盒外侧套锁母,内侧应装护口。在吊顶内敷设时,盒的内外侧均应套锁母 (4) 导线敷设后,应对每回路的导线用 500V 的绝缘电阻表测量绝缘电阻,其对地绝缘电阻值不应小于 20MΩ
充电站火灾探测器的安装	(1) 典型火灾探测器的安装位置应符合以下规定 ①探测器至墙壁、梁边的水平距离不应小于 0.5m ②探测器周围 0.5m 以内不应有遮挡物 ③探测器到空调送风口边的水平距离不应小于 1.5m;至多孔送风顶棚孔口的水平距离不应小于 0.5m ④在宽度小于 3m 的内走道顶棚上设置探测器时,宜居中布置,感温探测器的安装间距不应超过 10m。探测器的安装间距不应超过 15m,探测器至端墙的距离不应大于探测器安装间距的一半 ⑤探测器宜水平安装,当必须倾斜安装时,倾斜角不应大于 45° (2) 可燃气体探测器应安装在气体容易泄漏出来、气体容易流经的及容易滞留的场所,安装位置应按照被测气体的密度以及安装现场气流方向、温度等各种条件来确定 (3) 红外光束探测器的安装位置应确保有充足的视场,发出的光束应与顶棚保持平行,远离强磁场,不要阳光直射 (4) 探测器的底座应固定牢靠,其导线连接必须可靠压接或焊接。当采用焊接时,不得使用带腐蚀性的助焊剂 (5) 探测器的"+"线应为红色,"-"线应为蓝色,其余线应依据不同用途采用其他颜色区分,同一工程中相同用途的导线颜色应一致 (6) 探测器底座的外接导线应留有不小于 0.15m 的余量,入端处应有明显标志 (7) 探测器底座的穿线宜封堵,安装完毕后的探测器底座应采取保护措施(如装上防盗罩) (8) 探测器的确认灯应面向便于人员观察的主要入口方向 (9) 探测器在即将调试时方可安装,在安装前应妥善保管
充电站手动火灾报警按钮的安装	(1) 手动火灾报警按钮应安装在墙上距地(楼)面高度 1.5m 处 (2) 手动火灾报警按钮的外接导线应当有不小于 0.1m 的余量,且在其端部应有明显标志
充电站火灾报警控制器的安装	(1) 火灾报警控制器(简称控制器)在墙上安装时,其底边距地(楼)面高度不应小于 1.5m;落地安装时,其底宜高出地坪 0.1~0.2m (2) 引入控制器的电缆或导线应符合以下要求 ①电缆芯线和新配导线的端部均应标明编号 ②电缆芯和导线应留有不小于 0.2m 的余量 ③导线引入线穿线后,在进线管处应封堵
充电站消防控制设备的安装	(1) 消防控制设备的外接导线,当采用金属软管作套管时,其长度不宜大于 2m,并且应采用管卡固定,其固定间距不应大于 0.5m。金属软管与消防控制设备的接线盒(箱)应采用锁母固定,并应根据配管规定接地 (2) 消防控制设备盘(柜)内不同电压等级、不同电流类别的端子应分开,并有明显标志
充电站火灾自动报警系统接地装置的安装	(1) 消防控制室的接地电阻应符合以下要求 ①工作接地电阻值应小于 0.4Ω ②采用联合接地时,接地电阻应小于 0.1Ω (2) 由消防控制室的工作接地极引至各消防控制设备与火灾控制器的工作接地线,应采取不小于 $4mm^2$ 的铜芯绝缘线穿入保护管构成一个中性线电位的接地网络

续表

工艺	要求
充电站火灾自动报警系统的调试	(1)火灾自动报警系统调试,应先分别对探测器区域报警控制器、集中报警控制器、火灾报警装置以及消防控制设备等逐个进行单机通电检查,正常后方可进行系统调试 (2)火灾自动报警系统通电后,应按现行《火灾报警控制器》(GB 4717—2005)的有关要求对报警控制器进行以下功能检查:火灾报警自检功能,消声、复位功能,故障报警功能,报警记忆功能,火灾优先功能,电压自动转换和备用电源的自动充电功能,备用电源的欠电压和过电压报警功能 (3)应在火灾自动报警系统连续运行12h无故障后填写调试开通报告,进行验收工作

(2) 充电站火灾自动报警系统的质量标准

① 配管及管内穿线套用《建筑电气工程质量验收规范》(GB 50303—2015)中"配管及管内穿线工程质量检验评定表"有关内容,其质量标准如下。

a. 绝缘电阻值必须大于 20MΩ。

b. 暗配管的保护层应大于 30mm。

c. 明暗配管的弯曲半径应大于或等于 $6d$,在地下或者混凝土内暗配管应大于或等于 $10d$(d 为配管直径)。

② 控制器和联动柜安装可套用《建筑电气工程质量验收规范》(GB 50303—2015)中"成套配电柜(盘)安装分项工程质量检验评定表"中的有关部分。

③ 端子箱和模块箱安装质量评定可套用《建筑电气工程质量验收规范》(GB 50303—2015)中"成套配电柜(盘)安装分项工程质量检验评定表"中的有关部分。

④ 工作接地的安装质量评定可套用《建筑电气工程质量验收规范》(GB 50303—2015)中"避雷针(网)及接地装置分项工程质量检验评定表"中的有关部分。

⑤ 报警探测器的分项工程质量评定目前还没有标准,暂按如下内容制定表格进行评定。

a. 保证项目。探测器的类别、型号、位置、数量以及功能等应符合设计和规范要求。

b. 基本项目。

ⓐ 探测器安装牢靠,确认灯朝向正确,且配件齐全,无损伤及变形等现象。

ⓑ 探测器导线连接必须可靠压接或焊接,并应有标志,外接导线应有余量。

ⓒ 探测器安装位置应符合保护半径及保护面积要求。

⑥ 以上各项只是分项工程质量评定内容,如果是分包工程,总包单位质量评定时应把这几项分项工程质量评定内容作为一个建筑电气安装单位(分部)工程评定质量等级。

(3) 充电站火灾自动报警系统的技术资料

充电站火灾自动报警系统竣工后,在交接验收时施工单位应提交如下技术资料。

① 火灾报警设备、器材、缆线的出厂合格证、质量监督部门监测报告以及生产技术文件资料齐全。

② 隐蔽工程检验记录和平面示意图。

③ 调试记录,主要包括绝缘电阻测试记录、接地电阻测试记录、消防系统调试报告以及消防报警系统的检测报告。

④ 工程质量检验评定表。

⑤ 竣工图。

第9章
电动汽车充电站（桩）运营与管理

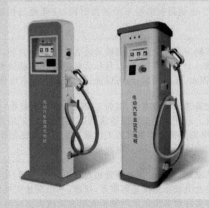

9.1 电动汽车运行特点及充电设施商业模式

9.1.1 电动汽车运行特点及运行模式

(1) 电动汽车运行特点

电动汽车运行特点见表 9-1。

表 9-1 电动汽车运行特点

特点	具体内容
储存电能多、充电功率大	一辆普通电动汽车的储存电能约是 40kW·h(度)，约相当于普通家庭半个月的用电量。为了可以在短时间内将电动汽车的蓄电池充满电，需要充电机的充电功率较大，一般车载充电机(慢充)的充电功率是 2~3kW，专用直流充电桩的充电功率为 10~100kW。利用 20kW 的直流充电桩为普通电动汽车的车载蓄电池充满电需要 1~2h 电动公交车储存的电能是 250~300kW·h，车载充电机的充电功率为 5~20kW，专用直流充电桩的充电功率为 20~200kW。以 40kW 的直流充电桩为电动公交车的车载蓄电池充满电需要 4~6h。电动汽车的充电时间越短，对充电桩的输出功率要求越大
运行距离近	一般电动汽车最大行驶里程约是 300km，考虑到路况、空调、安全系数、蓄电池衰减等因素，实际运行里程为 150~200km。若没有充电桩的支持，其活动半径不超过 75~100km

(2) 电动汽车运行模式

根据目前城市对电动汽车目标市场定位和电动汽车的发展趋势，按电动汽车的用途分为表 9-2 的运行模式。

表 9-2 电动汽车运行模式

运行模式	特点
公交运行模式	公交运行模式具有一定的共性，通常行驶线路、行驶里程以及行驶时间是固定的。公交运行模式应采用整车充电方式，这是因为其行驶里程和路径可预估。可充分利用夜间停运时段进行充电，满足下一次的行驶里程需要。因为电动公交车通常都有专门的停车场所，所以可在公交首末站停车场所建设充电桩，利用夜间低谷时段进行常规充电，电动公交车一次充电续驶里程至少应满足单程运行里程，紧急情况下应可以实现电能的快速补充
出租车运行模式	按照出租车一次充电后的续驶里程，应在其相应的出行范围内提供必要的充电设施。出租车需要及时快速补充电能，尽量增加运营时间，获得更大的经济效益，应在市区建立专用充电桩或者蓄电池更换点，提高运营效率。也就是在出租车的运营时段，应能通过快速充电或蓄电池组快速更换完成电能补充
公务车或社会车辆运行模式	公务车或社会车辆由单位、部门的驾驶员或者社会大众驾驶，应在公务车集中的区域或居民小区建设相应的充电设施。公务车、商务车以及社会车辆等行驶路线和行驶里程一般可以预估；工程车行驶线路、行驶里程不固定，变化较大，应可以通过快速充电或蓄电池组快速更换完成电能补充
示范区运行模式	若为示范运行配备的车辆数有限，则为了提高车辆运营效率，应采用更换蓄电池组的方式，但需要增加蓄电池组的投资。若配备的车辆能够满足运营要求，应采用整车充电方式，这样就能够降低蓄电池组的投资，减少蓄电池更换操作造成的工作量。鉴于示范区用车数量少，运行范围相对集中，可以在示范区内建立集中的大型充电设施(蓄电池更换点)
私家车运行模式	用于上下班的私家车，停放时间及位置相对确定，可充分利用停靠的时间进行充电，所以，可以依托停车场所建立简易充电设施提供充电服务，这样，不用兴建大规模的集中充电设施，可以使成本大大降低。也可根据个体实际情况决定采用整车充电方式或者蓄电池组更换方式，私家车的蓄电池容量通常较小，充电时间不会太长，蓄电池的成本比较低，补充电能的方式只要方便使用者即可

9.1.2 电动汽车充电设施的商业模式

(1) 公用充电站模式

充电站模式与加油站类似,一般建在城市道路或高速公路两旁。充电站模式由于需要占用大量场地和需要专用供电设施,投资大且难以收回成本,所以除政府样板行为外,很难进行商业推广。公用充电站模式见表9-3。

表 9-3 公用充电站模式

项目	具体内容
主要特征	充电站由多台充电设施组成,可采取快充、慢充以及换蓄电池等多种方式为各种电动汽车提供电能。慢充充电耗时较长,快充充电时间短,但是对蓄电池损伤较大。规模较小的充电站通常可供10辆汽车同时充电,规模较大的充电站可供40辆汽车同时充电,如图9-1所示
优点	充电站可为社会汽车提供多种服务,既可快充,也可慢充,有些充电站还可以提供换蓄电池服务;充电速度快,采用快充方式通常可在几十分钟内将蓄电池基本充满;充电站因为具有公用性质,设备利用率高于停车场的充电桩。公用充电站最大的优势在于快充,但是目前快充技术还有待完善,以期进一步缩短充电时间,减小对蓄电池寿命的损害
缺点	充电站占地面积大,规模较大的充电站占地面积超过一般加油站,甚至可和停车场相比。因为占地面积大,在城市土地日益紧缺的情况下,充电站在大城市布点数量受限,网点密度低。因为需要配备多种充电设备,建设难度较大,一次性投入多,国家电网公司新建一座充电站投资平均在300万元左右

图 9-1 公用充电站模式

(2) 停车场充电桩模式

停车场充电桩是为电动汽车补充电能的设备,外形犹如停车计时表一般。一个充电桩可同时为两辆汽车充电,充满电的时间为6~8h。充电桩可实现计时、计电能、计金额充电。停车场充电桩模式见表9-4。

表 9-4 停车场充电桩模式

项目	具体内容
主要特征	充电桩一般建在公用停车场、住宅小区停车场、商场停车场内,或建在公路边,也可建在私人车库中。充电桩具有功率较小、布点灵活等特点,以慢充方式为主,具备人机操作界面和自助功能,如图9-2和图9-3所示
优点	充电桩建在停车场或者路边,占地面积小,建在车库和住宅小区内的充电桩完全不占公共用地;建设难度小,一次性投资少,单个充电桩的建设成本为2万~3万元
缺点	充电桩采用慢充方式,充电速度慢,充电时间要5~10h;由于充电时间长,且部分充电桩具有专用性质,所以充电桩的设备利用率低;不能满足应急、长距离行驶的充电需求。虽然建设单个充电桩很容易,但是充电桩要形成网络才能满足电动汽车普及的需要,完善整个充电网络需要较长时间

图 9-2　停车场充电桩模式

图 9-3　路边充电桩模式

(3) 换电站（蓄电池租赁）模式

蓄电池租赁指的是电动汽车和蓄电池销售分开，部分厂商出售电动汽车裸车，部分厂商经营蓄电池租赁业务。中央财政对蓄电池租赁企业给予补助，蓄电池租赁企业按照扣除补助后的价格向私人用户出租新能源汽车蓄电池，并提供蓄电池维护、保养以及更换等服务。蓄电池只租不售，汽车在换电站直接更换蓄电池实现充电，并结清前一组蓄电池实际电量使用费用。换电站（蓄电池租赁）模式见表 9-5。

表 9-5　换电站（蓄电池租赁）模式

项目	具体内容
主要特征	用户从蓄电池租赁公司租用蓄电池，更换站为用户提供更换蓄电池及蓄电池维护等服务，蓄电池在充电中心集中充电。因为蓄电池组重量较大，更换蓄电池的专业化要求较强，需配备专业人员借助专业机械来快速完成蓄电池的更换、充电和维护
优点	对蓄电池更换门店要求很低，只需要 2～3 个停车位，占地面积小，易于在城市大面积布点。蓄电池更换站的主要设备是蓄电池拆卸及安装设备，电气设备少，建设难度小，一次性投资也比充电桩少；更换蓄电池速度快，时间通常是 5～10min，未来随着技术的进步，更换蓄电池所需的时间将少于快充时间 更换蓄电池模式属于能源新物流模式。更换蓄电池模式有利于蓄电池生产企业的规模化、标准化生产，有利于能源供给企业的规模化采购及集约化管理，可显著降低总运营成本。能源供给企业作为一个相对独立的中间运营商，有利于政府施行更具有针对性的扶持及优惠政策，如电价政策、购买蓄电池补贴政策等，易于建立清晰的财务盈利模式，比单纯提供充电服务可获得更高的投资回报，具有更广阔的发展空间。此外，这种模式对电网安全、经济运行也非常有利，集中充电便于统一调度、管理以及监控，可以最大限度地发挥削峰填谷作用，提高电力系统负荷率，最大限度地减少谐波污染等对电网的不利影响，有利于电网的安全稳定运行及电力资源的优化利用

续表

项目	具体内容
缺点	换电站(蓄电池租赁)模式要求国家建立统一的蓄电池标准,电动汽车安装的动力蓄电池必须可以拆卸、更换,对汽车工业标准化体系要求十分高。目前我国电动汽车标准化体系还很不健全,各汽车生产厂家和蓄电池生产厂家基本上"各自为战",蓄电池规格差别很大;更换蓄电池模式涉及蓄电池租赁、充电、配送、计量以及更换等多个环节,由多家企业分工完成,工作复杂
大规模推广的困难	(1)管理方面:我国处于电动汽车产业发展初期,蓄电池技术尚未成熟,各种蓄电池的性能、质量差距很大,统一蓄电池标准难度十分大,这不仅是蓄电池标准化的问题,还涉及电动汽车的标准化,为一个庞大的系统工程,涉及汽车厂、蓄电池制造商、更换站经营者等各方面的利益 (2)技术方面:为了确保蓄电池可更换,所有蓄电池均须具有良好的一致性。不仅要统一蓄电池接口标准,还要统一蓄电池的尺寸、规格、容量以及性能等,在国内目前蓄电池生产厂家"各自为战"的情形下,统一所有蓄电池厂家生产蓄电池的一致性问题,在短期内很难实现 (3)蓄电池流通方面:蓄电池更换过程中会存在蓄电池新旧程度及残留能量的差异,将带来蓄电池更换时如何计量、计费的难题

9.2 电动汽车充电设施建设模式

(1) 电动汽车充电桩解决方案

电动汽车充电桩解决方案见表9-6。

表9-6 电动汽车充电桩解决方案

解决方案	特点	图示
小区智能充电解决方案(地下、地上停车场)	因为新能源私家车市场占有率逐渐增多,家庭充电则成为不可或缺的一部分。针对小区充电时间长、土地资源有限以及配电容量短缺等问题和难点,推出了交流充电桩和小功率直流充电桩解决方案。从而在确保不增加配电容量的前提下实现最优、最快充电。小区智能充电解决方案(地下、地上停车场)的特点如下 (1)根据小区场地实际情况,灵活配置充电桩的类型及功率 (2)交流充电桩可实现壁挂安装,不占用空间,节省土地资源 (3)交流充电桩体积小,安装方便,可实现快速补电需求 (4)可以和小区停车管理系统兼容,实现停车及充电"一站式"服务 (5)支持手机APP在线预约及支付功能,不用每天抢车位,可在家实时查看充电情况 (6)整套解决方案具备计量计费和监控安防系统,操作安全	地下停车场充电桩
商圈景区充电解决方案	商圈景区成为人们日常生活中的主要聚集场所,具有停留时间短及人员流动性大等特点,针对这种特点推出了商业模式充电桩解决方案,在传统交直流充电桩基础上搭载户外广告屏。在确保正常快速充电的同时推出了具有增值服务的功能,可实时播放广告信息,打造多渠道盈利模式。商圈景区充电解决方案的特点如下 (1)可实现实时信息推送服务,增加商业价值 (2)"一刷一扫"即可完成充电,即充即走,简单方便 (3)实现多渠道盈利模式 商圈景区充电解决方案适用场景:酒店、商场、旅游景区、办公CBD(中央商务区)等场所	商圈充电解决方案

续表

解决方案	特点	图示
集中式快速充电解决方案	城市公共交通和出租车、网约车成为人们出行及日常生活的主要工具，也是新能源汽车的主力军，针对公共交通和出租车、网约车的特点（需求充电时间短、充电频繁以及充电稳定性高）推出了一体式及分体式大功率快速充电桩解决方案。方案采用的站级管理系统可实现对充电桩、车、配电侧等产品统一进行监控管理及调度，实现一体化运营。一体式与分体式大功率快速充电桩解决方案的特点如下 (1) 充电站采用层级管理，系统实现运行更安全（电网安全、人身安全、车辆安全）、更灵活 (2) 采用300kW一体式大功率充电桩，符合公共汽车快速补电需求 (3) 采用轮充和功率分配两种类型，实现夜间不间断充电，真正无人值守 集中式快速充电解决方案适用场合：公交场站及公共快速充电站等适用于充电频率高及快速补电	出租车集中充电
高速公路充电网络解决方案	我国将在"两纵两横一环"高速公路城际快充网络的基础上，建设"七纵四横两网格"高速公路快速充电网络。针对高速公路充电网络要求充电速度快、无需等位以及支付方便灵活等特点推出的解决方案，符合高速充电网络充电需求，高速公路充电网络解决方案的特点如下 (1) 具有大功率、快速充电、在线预约及网上支付等功能，实现快速便捷充电 (2) 具备GPRS数据传输功能，可实现无线与后台主站实时进行通信 (3) 具备出行引导规划功能，可以实现错峰出行	高速公路充电站

(2) 电动汽车充电设施建设模式

① 政府主导模式和企业主导模式见表9-7。

表9-7 政府主导模式和企业主导模式

建设模式	政府主导模式	企业主导模式
特点	以政府或公共机构为充电设施建设运营主体，电力供应商、充电装置研发制造企业或其他社会力量共同参与。政府主导模式的突出特点是由中央和地方政府通过"直接投资、政府所有"的方式，支持电动汽车充电设施的建设、运营和发展	由作为市场主体的企业投资与运营电动汽车充电设施，企业投资电动汽车充电设施可以实现传统能源企业逐步向新型能源企业转变。电网企业将电动汽车充电设施建设纳入智能电网有机组成部分，既可催生储能技术，又可促进清洁能源发展，实现电力资源的节约和高效利用
优点	作为公共基础设施的电动汽车充电桩，其建设运营在大多数地区都由政府主导，即政府作为投资主体，由政府来组织运营，亏损由财政部门负担，可促进电动汽车商业化运行的实施和发展，引领和推动电动汽车及充电设施建设有序发展；实现电动汽车充电设施的统一规划和集约化发展	拓宽了投资渠道，减轻了政府财政压力；能保证电动汽车充电设施建设所需的资金投入；可以有效提高充电设施的经营效率和管理水平
缺点	由于目前电动汽车充电桩运营普遍效率低下，会长期增加政府财政压力，不利于电动汽车充电设施大规模集约化建设与运营。随着电动汽车商业化运行规模和区域的扩大，投资需求增加，使得政府财政能力难以支撑，政府的融资压力不能得到缓减	容易导致充电设施建设的无序发展；影响或制约电动汽车产业发展；与相关领域的协调性不足。在电动汽车示范运行阶段，充电设施运营商在单一运行区域的固定资产投资在示范运行期满后不能持续发挥最大效益

续表

建设模式		政府主导模式		企业主导模式	
操作方式	直接主导方式	由政府直接出资建设电动汽车充电设施，建成后由政府相关部门负责经营管理	企业直接主导型		由一家或多家电力供应部门，或研究开发及制造充电装置的生产企业建设充电设施，并由这些企业共同负责充电设施的商业化运营
	间接主导方式	由政府出资建设电动汽车充电设施，建成后移交给国有企业经营管理，或者委托专业机构经营管理	委托运营型		由企业投资建设充电设施，但委托专业企业进行充电设施的商业化运营，并提出运营要求和规范。建设主体本身一般会提供技术人员参与商业化运营
			一体化运营型		企业与电动汽车商业化运行的主体联合起来共同建设和运营充电设施。如电力供应部门与负责电动汽车运营的公交公司或与公务车、商务车用车部门或企业之间联合建设和运营充电设施，以利于电动汽车运行主体推动电动汽车充电设施的商业化运行
适用运行模式		适用于电动汽车商业化运行规模较小，或者处于电动汽车发展的早期，需要鼓励企业从事电动汽车充电基础设施的建设，或者政府经济实力强大时，可采用这种模式，体现政府支持			适用于电力供应企业急需拓展电力市场，提高充电设施品质和性能，有政府支持，且企业实力较强，并在运行区域有长远规划时

② 混合模式、众筹模式、用户主导模式见表9-8。

表9-8 混合模式、众筹模式、用户主导模式

建设模式	特点	优缺点	适用运行模式
混合模式	政府参与和扶持下的企业主导模式，混合运营电动汽车交直流充电桩集中站	政府和企业互补能够减少各自模式的不足，推动电动汽车充电桩产业进步发展。但是双方协调要求高，企业受到的约束会较多	适用于电动汽车商业化运行规模较大、有很大的客流量、充电需求大、政府财政能力较弱、市场环境和市场机制较好、融资渠道较畅通时
众筹模式	整合企业、社会、政府等多方面力量，利用互联网思维的众筹模式推进充电桩建设	众筹有利于提高社会资源利用率，并且有助于提高各个环节的工作效率，在服务上也更注重用户需求。众筹模式目前得到政府大力支持及推广，但在停车位资源紧张的一线城市较难推广	
用户主导模式	即电动汽车用户为满足自身车辆运行需要，投资建设电动汽车充电设施。电动汽车用户投资建设的充电设施被视为电动汽车的一项配套设施，避免受制于外部充电桩以及由此给电动汽车运行带来不利和不便的影响	优点是电动汽车用户可以根据自身需要建设充电设施，实现充电设施与其自身的电动汽车有效衔接；其缺点为电动汽车用户不仅要承担高额的充电设施建设和运行费用，更为重要的是会导致充电设施利用率低和造成重复建设	电动汽车用户主导型模式的充电设施建设的目的是为满足用户自身运行需要，但随着电动汽车市场的逐渐扩大和成熟，有商业化运营的趋势

9.3 电动汽车充电站（桩）运营系统及运营管理

9.3.1 电动汽车充电站（桩）的运营

充电桩的运营是一项复杂的系统工程，为保证充电服务的有效提供，电动汽车的充电运营需要多个子系统的协调和保障，包括电力供应系统、充电计量和结算系统、公用充电网

络、蓄电池、配件维护维修体系，以及专业化的组织管理保障等，见表9-9。

表9-9　电动汽车充电站（桩）的运营

子系统	协调和保障
电力供应系统	电力供应系统是保障充电桩运营最基本的也是最重要的一个环节，同时也是保障电动汽车得以商业化运行的重要支持。充电桩由建设到运营，应当加强与电力供应企业的协调 在充电桩规划和建设阶段，需要得到电力供应企业的合作及支持，完成充电桩外部电网的合理设计及安全、有效接入；充电桩运营期间，需要得到电力供应保障，这是维持其持续运营的根本；此外，如能和电力供应企业良好协商，充电桩运营商可以获得电力公司销售电价方面的优惠，进而提高充电桩的运营赢利能力 由此可见，电力供应企业在充电桩运营乃至电动汽车产业化发展当中充当着一个重要的、根本的角色。所以，电力供应企业可以充分把握其地位，瞄准电动汽车充电市场，尽快建立起和充电体系关联的市场发展策略，在推进电动汽车充电市场发展的同时，也实现自我的发展
充电计量和结算系统	充电计量和结算系统是充电设施与电动汽车用户交流的一个重要环节，合理、准确、方便、快速的计量和结算系统是充电设施准确核算财务收益、提高运营效率的重要手段 在充电桩运营中，需要利用准确的充电计量系统，保障充电桩与电动汽车用户之间的交易通过可靠、准确、真实的方式进行。同时，智能化的充电计量系统也将成为充电桩运营的一个方向，利用对蓄电池的剩余电量进行科学估计，不仅能精确核算电量，而且成为选择合适充电方法及提高蓄电池性能的有效依据 充电费用结算工具、结算手段的现代化，对提高充电桩运营效率具有十分重要的意义。尤其是对于无人值守的充电桩，智能化的结算系统是保障充电桩正常运营不可缺少的一个手段。用户通过先进的IC卡、银行卡、支付宝、微信等即可快捷方便地完成充电费用结算。所以，充电桩的顺利、高效运营，需要现代化、智能化的充电计量和结算系统加以保障
公用充电网络	分布合理、数量众多以及昼夜服务的公用充电网络是电动汽车商业化的必备条件之一，它的发展直接决定了各式电动汽车的应用及推广，进而也成为推动充电桩个体实现商业化运营的基础。数量少、规模小以及布局不合理的充电配套设施根本无法支撑未来大规模的电动汽车商业化、产业化的运营 公用充电网络由常规公用充电桩、快速充电桩以及蓄电池组更换站组成，其运营方式分为有人值守与无人值守两种方式。公用充电网络中充电桩的布局、数量以及充电方式应该合理设计及部署，使电动汽车在充电网络中能方便、及时的充电，保障电动汽车的正常运行 城市公用充电网络应由城市主管部门统一规划，合理布点，形成网络，通过政府出面协调城市规划、建设、电力以及交管等部门的职责，统一建设、实施。电动汽车研发主管部门、国家技监部门以及汽车产业主管部门也应通力协作，尽快制定公用充电设施的技术标准及相关配套件的技术标准，尽快投入实施，使想投资充电设施的商家和想应用电动汽车的用户，以及想改善城市环境卫生和树立城市形象的地方政府可及时、有目标地进行实施
蓄电池、配件维护维修体系	由于蓄电池的使用成本在电动汽车运行中占有很大比例，因此做好蓄电池的维护工作，有助于延长蓄电池使用寿命，使车辆运行成本降低，减少用户使用费用。所以，充电网络的运营应配套蓄电池、配件的维护维修体系支撑 结合充电管理系统，可以帮助用户在充电过程中及时发现问题，并进行相关的维护维修工作。配合充电网络建立的蓄电池维护维修体系，也使用户无论什么时候遇到问题，均可到附近的充电网络寻求帮助。同时，也提高了充电网络运营的赢利能力
专业化的组织管理保障	因为电动汽车对技术发展的依赖性大，其运行中具有较多的不确定性，这就决定了电动汽车充电过程要求实现专业化、系统化。所以，应开展有效的组织管理，以保障充电设施的安全、高效运营。同时，专业化的组织管理体系有助于推动充电设施乃至电动汽车的商业化运营。具体来说，可从下列方面加以保障 （1）要建立职责明确、执行有力的运营组织架构，不同职责岗位配备不同的专业化人员，从组织管理方面对充电设施的建设和运营进行严格、规范和有效的控制，符合电动汽车充电的专业化要求 （2）依据充电设施运营组织架构，设计一套合理的组织工作流程，使充电方法、技术以及不同电动车辆需求相适应。同时，要协调好不同岗位之间的业务关系，协调好各个环节的衔接，充分提高充电设施的运营管理效率 （3）建立与充电设施一体化管理相适应的严格的管理法规、条例以及规章制度，以责任制为基础，对各种运营管理参数进行科学量化，增强管理的针对性和时效性 （4）电动汽车作为新的事物，充电设施及车辆在充电中出现故障或意外事故是有可能的，应建立故障恢复与紧急响应机制，加强管理，保证人员、车辆及充电系统的安全

9.3.2 电动汽车充电站（桩）的管理

电动汽车能源供给设施为电动汽车产业链中的重要环节，电动汽车能源供给设施主要包括交直流充电桩、充电站以及蓄电池更换站三种类型，电动汽车能源基础服务设施的构成设备数量多、地点分散，采用 GIS 能将所有与空间地理位置有关的信息收集起来，建成多源空间信息数据库，综合分析利用，获取有价值的信息，利用地图和表格生动直观地表达出来，供用户有效地管理这些信息，更有效地做出决策。随着互联网的快速发展，WebGIS 系统使得空间信息及其服务可以在分布式计算机网络环境中部署，极大地提升了 GIS 的应用服务水平。

随着电动汽车的推广应用及大量的电动汽车充电设施的建设，如何对充电设施进行有效的运营管理成为一个亟待解决的问题。依据多年电动汽车充电设施的建设经验，分析充电设施运营管理特点，通过先进的通信技术、数据采集技术、WebGIS 技术，设计并开发电动汽车充电设施的运营及管理自动化系统，以提高电动汽车充电设施的运营和管理水平。

(1) 电动汽车充电设施运营特点

电动汽车充电设施运营特点见表 9-10。

表 9-10　电动汽车充电设施运营特点

项目	具体内容
充电设施建设模式	电动汽车充电设施是不可缺少的电动汽车能源服务基础设施，其电能供给主要有交流充电、直流充电以及蓄电池组快速更换三种典型方式。电动汽车用户利用交流充电桩或直流充电桩直接为电动汽车充电，即时消费电力产品并通过现场付费的模式支付费用，完成交易 为满足大规模的家用电动汽车用户及时、方便的充电需求，选用充电桩充电模式是最佳选择。在住宅小区或者商业大厦的专用停车场安装一定数量的智能充电桩，为电动汽车提供应急充电服务。充电桩建设成本较低，占地面积很小，更适合于支撑大规模的家用电动汽车充电
系统功能需求	充电桩的建设是以点为基本特征的充电设施，充电桩数量众多，并且地理位置分散，多数充电桩直接安装在室外，长期处于湿度大、灰尘大以及温差大的环境中运行，因此及时掌控其运行状态是保证设备稳定可靠运行的基础 充电桩运营维护管理涉及对分散于市区内充电设施的资产管理，充电桩充电监视及相关参数的设置管理，电动汽车用户卡的发放、充值以及解锁等。所以，充电桩运营管理的功能主要包括下列内容 (1) 远方监视功能，结合充电桩地理位置监视其状态信息、报警信息、充电监视 (2) 远方控制功能，实现对充电桩保护定值及交易费率等参数设置 (3) 计费管理功能，记录充电计费信息，并提供数据分析统计功能 (4) 资产管理功能，实现对充电设施全生命周期管理，提供其相关信息查询以及利用率分析功能 (5) 分布式管理功能，对管理权限进行设置，利用系统与互联网技术紧密结合，实现城市片区集中管理功能 (6) 用户卡管理功能，能满足在市内不同片区建立充值卡营销网点，实现电动汽车用户多点发卡及充值功能
系统总体结构	根据以上功能需求，开发的充电桩运营管理系统由三个子系统构成，包括数据采集系统、发卡充值系统以及 WebGIS 系统，管理中心（内网）与互联网（外网）通过安全防护相连，外网程序利用访问 Web 服务器的接口与内网进行数据交互。利用系统共享数据，管理中心可以统一管理，也可以给相关管理人员指定不同区域管理权限，通过互联网实现分布式管理。发卡充值系统可以分布在城市各网点。通过图 9-4 所示的充电站/桩运营管理系统结构，可实现对电动汽车用户、充电设施以及运营维护人员的有机协调，以确保电动汽车用户的电能补充，提高充电设备利用率和管理人员的工作效率

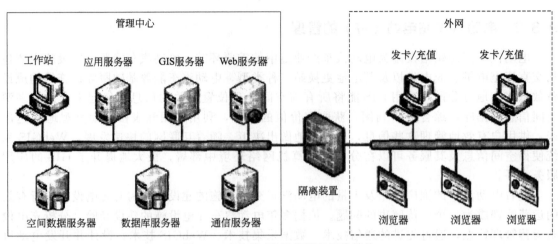

图 9-4　充电站/桩运营管理系统结构

(2) 系统架构设计

系统架构设计见表 9-11。

表 9-11　系统架构设计

架构	具体设计
通信架构	充电桩分布广,只有通过对专门的通信通道进行有效管理,才能确保所有充电设备信息上传,降低通信成本,所以需要充分考虑通信方式。充电桩上行通信信道支持 GPRS/CDMA,并具有串口或以太网接口,布置于小区、公用停车场内的充电桩相对集中,可以采用数据汇集器实现充电桩信息汇集上传。对于街道沿线分散的单个充电桩直接采用 GPRS/CDMA 专网方式与管理中心通信进行信息交互,对已建监控系统的充电桩内的充电桩信息,可直接利用专网与管理中心信息交互
软件结构	电动汽车充电桩运营管理系统软件宜采用三层结构,包括系统平台层、支撑服务层以及业务应用层。纵向业务应用与相应支撑服务相关联,横向不同的服务通过数据库松耦合,添加新的服务功能不涉及系统结构,也不影响已有的业务,方便系统应用功能的扩充。如图 9-5 所示为电动汽车充电桩运营管理系统的软件结构 (1)系统平台层。为适应不同用户的要求,系统的开发需兼容多种主流操作系统,支持跨平台及混合平台操作 (2)支撑服务层。支撑服务层为增强系统的开放性与可扩展性,建立统一规范的底层交互平台,实现服务层和应用层的分离。提供统一的数据传输接口、数据库访问接口以及控制命令接口 (3)业务应用层。业务应用层建立在支撑服务层之上,利用服务功能模块搭建出不同的应用系统基础,实现实时状态监视、图形化展示、业务数据记录查询、控制交互操作、统计分析、报表曲线等多种功能。此外,提供严格的用户管理和授权管理,确保系统数据的安全性

(3) 系统实现

① 软件结构实现。系统软件结构基于易扩展、松耦合机制,参考当前充电监控系统与电力监控系统的技术实现路线及发展趋势,通过平台化、模块化以及组件化设计思想,选用 C/C++语言底层开发,进行模块化设计。完成系统平台化、模块化以及组件化设计,首先要开发系列跨平台的组件,把系统功能开发分解为多个组件的开发,组件为构成系统最小的功能单元,在运行时期重新装配,创建出组件的"克隆"以共同创建一个应用程序。系统在所有的平台上都具有统一的风格,运行界面风格不再受操作系统及图形环境的限制。

② 数据采集系统实现。分布于市区各地的充电桩具备计量及监测功能,读取充电桩运行数据并保存到数据库。数据采集系统利用通信网络获取各充电桩计量信息、状态信息及报警事件信息等,也可以实现对充电桩的参数远程设定,从而做到主动安全、主动管理以及主动控制,是运营管理系统的核心。

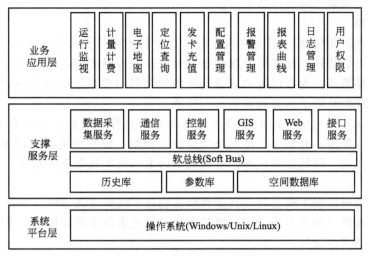

图 9-5　电动汽车充电桩运营管理系统的软件结构

a. 数据采集处理。充电桩通常安装在室外，电磁干扰较大，环境比较恶劣，主要采用 GPRS/CDMA 通信方式，数据上传难免会出现短时间内通信中断或者延时，通信正常时，充电桩会主动上传数据，采集服务会将产生的相应事件存储到临时事件表，并立即发送给各监视客户端，但并不能确保此前无记录缺失。充电桩技术规范规定，充电桩可以保存 10000 条充电记录数据，关键事件的存储不少于 100 条，安全存储周期至少达 7 天。所以，为了确保所有充电桩记录上传，通过充电桩内保存充电记录的流水号连续性，采集服务程序设计中采取启动召唤、定时召唤策略，保证所有充电记录均已录入系统数据库。

b. 远方参数设置处理。为了保证充电桩易于运营维护及统一管理，根据充电桩技术规范，充电桩应支持本地或远方费率设置及保护定值设置，其中费率设置包括当前费率单价设置、备用费率单价以及备用费率单价切换时间，定值设置包括过压过流保护等定值以及延时时间、提示余额低金额以及充电最小电流阈值参数等。对远方充电桩参数设定过程主要涉及维护人员、工作界面、通信网络及远方设备，充分考虑了系统安全性，系统程序通过人机界面、控制服务、通信服务等模块协同处理。

③ 发卡充值系统实现。发卡充值为充电桩运营管理系统的一个重要组成部分，发卡充值直接面对用户，集中用户到同一地点发卡充值不方便，因而借助互联网特性，采用 B/S 结构设计，共享管理中心数据库，在市区各地设置充值网点，安装发卡终端和发卡充值应用程序，实现卡的发放、充值以及解锁等功能。

④ WebGIS 系统实现。只有在地理图形中建立了模型，才能够完整准确地描述充电设施，管理系统与 GIS 平台之间通过数据库关联，集成 Web 和 GIS 功能，从而实现有效的管理。

GIS 服务提供数据服务和功能服务，数据服务利用服务接口向外提供空间数据，功能服务通过接口向外提供对空间数据的操作及处理功能，Web 服务通过应用程序对业务数据进行处理，提供可以对外数据的服务接口，对用户提供数据发布、浏览、查询以及计算等应用。

GIS 服务功能利用 Web 技术发布 WebGIS 扩展接口，使 Web 系统可以整合 GIS 功能，互联网用户能够通过网页查看充电桩的地理位置、充电状态、计费信息、业务处理软件分析计算结果以及存储空间数据等，浏览 WebGIS 站点中的空间数据，以及进行各种空间数据检索和空间分析，实现空间数据的增值。

（4）系统应用

系统可以实现对市区所有充电桩的充电信息进行监视，并提供充电桩远方参数批量设置、发卡充值、计费管理以及相关数据的查询和统计分析等功能，地理图形信息有效地辅助和增强了充电设施管理，为充电桩的运营及维护管理部门提供了处理信息的协同作业平台，在可视化、直观化的环境下提高设备管理工作的效率。

构建基于 WebGIS 的统一的电动汽车充电体系信息管理平台，以符合电动汽车用电对移动性和多样性的要求，有利于充电网络建设统一规划，促进充电服务产业规范有序发展，有利于发挥规模效益，降低运营成本，形成区域内电动汽车充电业务和功能的互联互通，实现统一化管理。

电动汽车充电桩市场不断发展，其运营模式也逐步找到发展方向，并且不断提高着电动汽车充电桩技术性能及服务水平。在这样的电动汽车充电桩市场环境下，电动汽车充电桩运维管理升级需求越来越强烈。

目前国内的一些电动汽车充电桩信息网络均不完善，手机平台有多个电动汽车充电桩品牌 APP，各自只记录自己品牌的电动汽车充电桩，根本无法为电动汽车车主提供完善的服务和帮助。

国家积极促成各大电动汽车充电桩品牌联合，是希望可以加强对电动汽车充电桩信息平台的管理，兼容多个电动汽车充电桩品牌，这是完善信息内容的必要条件，也是使电动汽车充电桩信息网络服务水平得到提高，加强电动汽车充电桩信息网络运维管理能力的重要要求。电动汽车充电桩如何统一信息标准，能够通过简单的付款的方式，平衡各家电动汽车充电桩品牌的收支，这是未来电动汽车充电桩运营市场亟待解决的难题。

第10章
电动汽车充电桩维护与故障处理

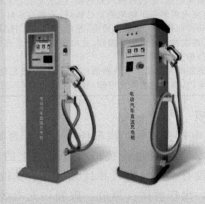

10.1　电动汽车充电站（桩）操作及日常维护

10.1.1　电动汽车充电桩操作要点及操作注意事项

(1) 充电桩操作要点

充电桩操作要点见表 10-1。

表 10-1　充电桩操作要点

充电桩类型	基本操作流程
充电桩 （充电站内）	(1) 操作人员穿好绝缘鞋、戴好绝缘手套后进入充电区域 (2) 检查充电桩内部设备、充电枪、充电接口外观是否完好，检查车辆仪表各项读数是否正常，询问驾驶员停车前是否有异常 (3) 关闭纯电动汽车电源开关（具体参照厂家说明书），开启或唤醒充电桩，操作面板显示正常后，取下充电枪插入车辆的充电插座 (4) 在操作面板上选择充电模式，等待充电指示灯亮起后，观察面板数据，包括充电时间、充电电流、充电电压、SOC 值以及充电电量等均为正常状态，并做好记录 (5) 充电期间，应不定期进行巡视，发现问题或隐患立即将红色急停按钮按下，关闭总电源，及时上报 (6) 充电完成或人工停止充电后，等待停止充电指示灯亮，操作面板电流、电压为零时，拔下充电枪，把电缆整理好放入电缆槽。严禁人工停止充电后立即拔下充电枪，因为有可能发生电弧放电事故，需等待 3~5s 后再拔下充电枪 (7) 充电完毕后，不要立即关闭充电桩电源，因为无线数据传输需带电运行
自助充电桩	(1) 充电桩的充电枪插头必须和电动汽车车身的充电插座相匹配。充电桩充电操作顺序：首先将车辆的电源锁开关打开，其次将充电枪插在电动汽车车身的充电插座上，保证充电枪与车可靠连接（黄色充电灯闪烁证明连接可靠） (2) 点击充电界面右上角的"输入密码"按钮，输入密码或刷充电卡进入充电界面 (3) 点击开机按钮，屏幕下方提示绝缘检测等信息 (4) 当屏幕显示"正在充电，请确保充电枪可靠连接"文字时，表明充电成功 (5) 结束充电 ①未充满电。需要重新输入密码，点击关机按钮，将充电枪拔下放回原处 ②充满电。直接退出界面，将充电枪拔下放回原处 充电枪为充电桩必不可少的一部分，在不使用时，尽量避免充电枪头直接暴露在外面，应插回插座，避免损坏以及被雨淋，保持充电枪头干燥。在拔充电枪时，注意充电枪柄卡扣位置，避免野蛮拖拽，另外还需检查充电线缆或充电枪头外壳有没有破损、线缆裸露等问题，若有则不要再继续使用
家庭充电桩	(1) 充电桩工作电源正常，充电桩处在运行准备就绪状态（充电枪未连接车辆），电源指示灯 (POWER 红灯) 常亮 (2) 插好车辆侧充电枪，把钥匙插入充电锁，打开充电桩充电安全门，将充电枪插入充电桩充电插座。充电枪对应充电桩侧和车辆侧插座已插好，连接指示灯 (LINK 绿灯) 常亮，表示等待充电 (3) 将充电启动按钮按下。充电枪锁定，充电指示灯 (CHARGE 绿灯) 常亮，表示正在充电 (4) 停止充电，再次按下充电启动按钮，充电桩发出停止充电信号。充电枪解除锁定，充电指示灯 (CHARGE 绿灯) 熄灭 (5) 首先将车辆侧的充电枪由车辆侧插座中拔出，再把充电桩侧的充电枪从充电桩侧的插座中拔出，关闭充电安全门，将钥匙插入充电锁，锁好充电安全门，连接指示灯 (LINK 绿灯) 熄灭

(2) 充电桩操作注意事项

① 潮湿天气时应确认充电枪头和电动汽车插座干燥，否则禁止充电。

② 在设备与车辆连接前，保证充电枪接口与充电桩上的国标充电插头兼容；确认充电插头与充电桩和车辆插座中没有水或异物，并且无损坏、锈蚀或腐蚀，电缆无破损。严禁在充电枪或充电线缆存在缺陷，出现磨损、裂痕、破裂，充电线缆裸露等情况下使用充电桩。

③ 勿触摸充电插座插孔、充电枪插针和车辆插座插孔，勿用潮湿的手或者站在雨水中、雪地中插拔充电插头，勿用力拉扯、扭曲充电电缆。

④ 开始充电前，保证充电枪与充电桩和车辆插座连接及锁止正确；开始充电后，充电插头与车辆插座锁止在一起，勿尝试将按钮按下解锁充电插头并将其从车辆插座中拔出。

⑤ 在充电期间，若觉察到有异味、烟雾从充电设备或车辆中冒出，或者其他危险的情况发生，应立即将充电桩上的急停按钮按下，停止充电，严禁直接强制断开充电插头。

⑥ 充电正常结束或者异常中止时，如采用卡支付，请刷卡结算。如需中途停止充电，用卡支付时应刷卡，停止充电并结算，无卡支付时应输入验证码，停止充电并结算。

⑦ 充电结束，等待大约30s后先将充电插头上的按钮按下，确认解锁后小心用力将充电枪直线拔出（在充电界面完全跳转之后再拔插充电枪，电压和电流升降需要一个过程，确保安全），再放回到充电桩上的挂座内。勿随意丢弃，造成充电插头和电缆污损。

⑧ 在充电过程中，车辆禁止行驶，只有在静止时才能进行充电，充电前保证车辆已经熄火，方可充电。

⑨ 充电桩附近应配备专用消防设备，预防紧急情况发生。

(3) 急停开关的使用

① 若充电桩发生漏电，应立即将急停开关按下。

② 若在充电过程中发生起火、触电等异常状况，应立即按下急停开关。

③ 桩体发生故障，如无法停止充电、内部线路短路等异常状况，应立即将急停开关按下。

当以上危急状况解除之后，应旋转急停开关，由专业人士打开桩体侧门，手动合上交流输入漏电保护开关（闭合漏电保护开关时需用力往下打到底部再往上闭合）重新上电。充电桩需要有专门的消防设施（电力消防），并定期对消防设施进行检查，保证设施正常。

10.1.2 电动汽车充电站（桩）日常维护

充电桩在实际应用中，因受周围的温度、湿度、震动、粉尘以及腐蚀性气体等环境条件的影响，其性能会有一些变化。若使用合理、维护得当，则能延长使用寿命，并减少因突然故障造成的损失。若使用不当，维护保养工作跟不上去，就会出现运行故障，造成充电桩不能正常工作，甚至造成充电桩过早损坏。所以充电桩的日常维护与定期检查是必不可少的，也是保障充电桩可靠运行的重要措施。

(1) 日常检查

在检查设备情况时，一般采用直接感觉诊断法来进行故障诊断，概括起来可分为看、听、闻、摸、试。

看：观察，如看充电桩指示灯颜色、充电桩指示灯状态等。

听：听响声，根据充电桩正常运行时的声音来判断充电桩是否正常。

闻：闻气味，凭借充电桩内部发出的气味来诊断。

摸：用手摸试，如充电桩表面有无温度过高现象、内部有无水汽凝结现象。

试：试验验证，如按下充电桩内部断路器漏电测试按钮、断路器是否能够自动断开等。

日常检查项目及内容见表10-2。

表10-2 日常检查项目及内容

检查项目	检查内容
充电车位环境检查	(1)检查充电车位清洁情况,有无杂物,照明情况是否良好,有无应急照明 (2)检查充电车位的消防设施是否齐全,有无应急消防操作指导 (3)检查充电桩的各种安防措施是否齐全、正常

续表

检查项目	检查内容
充电桩桩体检查	(1)检查充电桩基座是否有损坏、裂痕、倾斜、晃动现象,充电桩固定螺母是否缺失或松动,充电桩各种安全标识是否正常 (2)检查充电桩连接电缆是否正常,充电桩供电及通信线管道或桥架连接是否良好,有无断裂情况。充电桩外部配电管道或桥架卡扣螺钉是否有松动、脱落 (3)充电桩外壳是否破损、变形,有无器件掉落,是否生锈、漏水 (4)检查充电桩接插件有无裂痕,充电枪是否完好,充电枪接口防护罩是否脱落;检查充电桩充电接口防水保护罩是否掉落、破损,枪头是否插在枪位内,充电桩内部及枪头内部有无残留水 (5)检查充电桩操作界面、充电桩上有无异物 (6)检查充电桩显示屏是否完好,显示信息是否完整,是否会花屏 (7)检查充电桩指示灯是否能正常指示 (8)检查急停开关是否有损坏 (9)检查充电桩地网是否可靠,各充电桩接地是否可靠,接地电阻是否符合标准规定值
内部组件检查	(1)检查内部线缆是否有损坏,是否有松动、脱落。内部接地线是否脱落、松动,断路器、防雷器外观是否有损伤 (2)检查螺钉孔位是否有松动的现象,接线端子是否变色 (3)检查断路器的漏电保护按钮是否正常 (4)检查交流输入断路器开关是否正常 (5)充电桩内部是否有异味、烧煳、黑色灰尘 (6)充电桩进线接线端子和通信线接线端子有无松动,充电桩内部元器件安装是否牢固 (7)风扇运转是否正常(不转或转速下降) (8)充电桩内接地端子有明显的标志,并接地良好
功能检测	(1)检查充电桩各种充电功能是否正常,电压、电流输出是否正常,是否存在充电不正常的现象 (2)检查充电桩各种通信功能是否正常,充电桩与后台服务器通信是否正常,检查整理后台数据与充电桩运行数据进行对比,是否有差别。电量记录,一个月下载一次数据,作为后续运营数据分析,故障记录针对发现的故障进行记录跟进 (3)检查刷卡功能是否正常 (4)检查充电桩各种报警、保护功能是否正常 (5)使用用户卡对充电桩进行功能性检查 ①检查是否可以通过充电桩正常刷卡 ②检查充电桩是否能进入充电程序,运行指示灯是否亮起 ③检查充电桩显示屏显示是否正常 ④检查充电接口是否能够正常使用 ⑤分别依次选择四种充电模式,检查充电桩的四种充电模式是否能都够正常使用
电气及控制系统检查	(1)检查充电桩的进线电缆、充电枪的选用是否适合充电桩输入额定电压以及额定电流 (2)检查充电桩电气回路对地及回路间的绝缘电阻是否满足标准规定值 (3)检查充电桩供电端电压是否在正常值范围内 (4)检查充电桩漏电电压、漏电电流是否在正常值范围内 (5)检查充电桩内控制电路板、元器件有无老化现象
记录检查	(1)检查充电桩各存储数据是否正常 (2)检查充电桩各种历史报警数据、故障数据是否存在异常 (3)检查计量计费功能是否正常、精准 (4)检查后台管理软件的各种管理功能是否正常 (5)检查各种结算数据是否正确 (6)核对充电桩运行保养记录,了解充电桩运行保养状况
运行中检查	(1)对于运行的充电桩,可以从外部目视检查运行状态。定期对充电桩进行巡视检查,检查充电桩运行时是否有异常现象 (2)充电桩显示面板显示的输出电流、电压等各种数据是否正常,控制按键和调节旋钮是否失灵 (3)显示部分是否正常,显示面板显示的字符是否清楚,是否缺少字符 (4)用测温仪器检测充电桩是否过热,是否有异味 (5)检查充电桩风扇运转是否正常,有无异响、过热、变色、异味和异常震动,散热风道是否通畅 (6)每天要记录充电桩的运行数据,包括充电桩输出电流、输出电压、散热器温度等参数,与正常数据对照比较,以利于早日发现故障隐患。充电桩如发生故障跳闸,务必记录故障码和跳闸时充电桩的运行工况,以便具体分析故障原因

（2）定期检查项目及要求

定期检查项目及要求见表 10-3。

表 10-3　定期检查项目及要求

项目	要求
定期除尘	设专人定期(每月吹尘一次,运行环境较差的充电桩要求每周吹尘一次)对充电桩内部进行清扫、吹灰,以保持充电桩内部的清洁及风道畅通。可采用干燥空气通过塑料管清扫空气过滤器冷却风道及内部灰尘,并要定期更换充电桩下进风口、上出风口的过滤网
定期检查	充电桩的电缆在长期使用后可能会出现磨损,为保障充电桩安全正常运行,应定期检查充电桩电缆绝缘是否符合标准规定值。测量充电桩电缆绝缘时,应将电缆从充电桩的接线端子上拆下,使用 500V 兆欧表测量电缆相间和对地绝缘。在测量充电桩绝缘时,应拆去所有与充电桩端子连接的外部接线(包括通信线)。将充电桩主回路端子全部用导线短接起来,再进行充电桩绝缘电阻测试

（3）充电桩维护注意事项

① 注意维护安全,紧固充电桩内部端子接线或更换充电桩内部配件时,应断电操作,并做好安全措施,确保安全,以防触电。

② 在进行充电桩维护时,要一人维护操作,一人监护,严禁单人操作。

③ 严格执行日常维护保养记录表,发现问题及时处理,避免造成更大损失。

④ 在断电维护时需要在对应断路器下方悬挂"有人工作,禁止合闸"的类似表示,确保人身安全。

⑤ 做好安全防护措施,维护时需要穿绝缘鞋,注意安全,以防砸伤和电击。

⑥ 维护人员应配备充电桩维护常用工具,如万用表、钳形表、电笔、绝缘胶布、大小螺丝刀、老虎钳、尖嘴钳、套筒、扳手等。

⑦ 每次维护充电桩后,都要认真检查有无遗漏的螺钉及导线等,防止小金属物品造成充电桩短路事故。

（4）充电桩（充电站内）使用管理规定

① 操作人员管理要求。

a. 充电桩操作人员必须经国家有关部门培训考核合格并持有颁发的资质证后上岗,同时需接受安全教育和岗位技能培训,操作人员应佩戴或在场站内的醒目位置悬挂标明个人姓名、工号、岗位的标志。

b. 充电作业时须穿戴专业绝缘防护鞋及绝缘防护手套,保持自身、车体、充电桩及周边区域干燥。

c. 操作人员应主动引导车辆进入充电位置,当车辆停稳后,切断电动汽车动力电源和辅助电源,拉紧手刹,人员离车后,方可进行充电作业。

d. 在充电前,操作人员应检查充电接口是否正常完好,并对车辆进行充电前的检查,对充电设备与电动汽车连接和充电参数的设置进行确认。

e. 充电桩启动,确认充电正常运行后,要定期巡视充电桩的充电状态,若发生安全事故,应快速按下红色急停按钮,切断充电桩的电源。

f. 利用充电桩给车辆充电的过程中,车辆严禁启动或移动,严禁带电插拔充电插头。充电结束后、行车前,应确认充电终止以及充电设备已与车辆分离。

g. 严禁使用金属物体触碰充电枪接口、电动汽车充电接口。

h. 操作人员应基本了解电动汽车的构造和充电设备的工作原理,了解动力蓄电池应用的基础知识,掌握充电操作规程、充电设备检测、故障判断和处理方法、安全知识和应急处理方法。

i. 操作人员应按照充电桩生产厂家的技术手册进行定期保养与例行检查，保持充电桩安全、清洁、完好，并做好相关检查保养记录。

j. 充电桩操作人员每日应做好充电桩日查，并做好记录，当班管理人员应对作业现场进行监督，发现违章行为和不安全因素时，有权制止并向上级反映情况。

② 充电桩使用和管理。

a. 充电人员必须定期检查充电桩及其他相关设施设备、消防器材，保持清洁干燥，并做相关检查记录，按要求上报。定时对充电场地、充电设施、消防器材进行保洁，确保设备情况良好。

b. 在充电过程中，操作人员应按照操作流程操作。按要求对充电桩仪表、数据、充电模块、线路、开关等设施进行检查，并按要求填写巡检记录。

c. 充电过程中如发生故障，充电人员应立即按下充电桩上的急停按键，以防故障进一步扩大，并通知专业人员进行设备维修。

d. 如遇充电设施起火，首先动用紧急停机装置切断电源，然后使用通用型灭火器或者二氧化碳灭火器灭火，严禁使用泡沫灭火器和水灭火。

e. 充电结束后，应按规定拔除充电枪，将线缆理好放在线架上。

f. 充电设施的各类台账记录完善，分类明细准确。

g. 严禁私自拆卸、改装充电桩及附加设施，对因此造成的损坏由当事人承担相应的经济责任，并对管理责任人进行问责。

10.2 电动汽车充电站（桩）故障分类及维修

10.2.1 电动汽车充电桩故障率及故障分类

(1) 电动汽车充电桩故障率

电动汽车充电桩故障是不期望但是又不可避免的异常工作状况，分析、寻找以及排除故障是电动汽车充电桩维修人员必备的实际技能。在电动汽车充电桩的检修过程中，要在大量的元器件及线路中迅速、准确地找出故障是不容易的。一般故障的诊断过程是从故障现象出发，经过反复测试，在综合分析的基础上做出判断，逐步找出故障。故障产生的原因很多，情况也很复杂，有的是一种原因导致的简单故障，有的是多种原因相互作用造成的复杂故障。所以，引起故障的原因很难简单分类。

充电桩是由众多的半导体电子元件、集成电路、电力电子元件以及电器元件组成的复杂装置，结构多采用单元化或模块化形式。它由主回路、电源回路、逻辑控制回路、驱动及保护回路、冷却风扇等几部分组成。因为充电桩电路板多采用 SMT 表面贴装技术，在充电桩故障诊断中，由于检测仪器、技术资料及技术水平等因素，在工程上通常只限于根据故障情况找出故障的单元或模块，即只做单元级或者板级检查维修。

尽管充电桩已采用多种新型部件及优化结构，但是从目前的元器件技术水平及经济性考虑，仍不可避免采用寿命相对较短的零部件。与此同时，还不排除零部件受到安装环境的影响，其寿命可能比预期的寿命要短。充电桩的可靠性遵循着"浴盆曲线"特性，如图 10-1 所示为充电桩的故障率与使用时间的关系曲线。

在图 10-1 中所示的初期故障指的是充电桩在安装调试和初期运行阶段，因元器件的某种缺陷或某种外部原因而发生的故障。由于充电桩所用的元器件经过器件制造厂家出厂检测，充电桩生产厂家进厂入库前的抽样检测，以及充电桩出厂前经过严格的整机检测，可以使充电桩故障率降低到最低限度。因为个别器件存在隐患和现场安装及初期运行时的误操作，导致这一期间充电桩故障率较高。

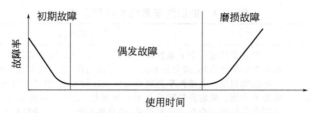

图 10-1　充电桩的故障率与使用时间的关系曲线

当充电桩投入正常使用之后，在比较长的一段时间内出现故障的情况明显减少，这时的故障可能是因为充电桩内部某个器件发生突发性故障，也可能是因为使用环境差，使充电桩内部进水或金属屑、灰尘，以及潮湿引起的故障。由于偶然性强、较难预料，故叫作偶发故障。通常来说，在开发设计阶段有针对性地增加零部件的额定余量，在使用阶段加强维护保养是解决偶发故障的主要手段。

磨损故障为临近使用寿命后期发生的故障，主要特征是随着时间的推移故障率明显增加。为了使充电桩的使用寿命延长，需要对充电桩进行定期的检查及保养，在预计元器件即将到达使用寿命时进行更换，做到有备无患。

构成电动汽车充电桩电路的电气电子元件有继电器、接触器、晶体管、线圈、电阻、电容器、集成电路以及功率器件等，在检查时只有掌握其检查方法及诊断技术，才能及早发现有故障的电气电子元件。对于电感、电容以及电阻而言，应掌握每个元器件在交流（AC）电路和直流（DC）电路中的工作状态及其作用。

在检修过程中，即使确定了故障电路的范围，还必须进一步把电路细分到某个电气电子元件的前后，再使用万用表检查各个测试点，以区分和确认具体的有故障的电气电子元件。为了迅速、准确地判断故障产生的部位及原因，必须注意区分电路的测试点及测量方法。

对于使用一段时间之后出现故障的电动汽车充电桩，故障原因可能是元器件损坏，连线发生短路或者断路（如焊点虚焊，接插件接触不良，可变电阻器、电位器以及半可变电阻等接触不良，接触面表面镀层氧化等），或者使用条件发生变化（如电网电压波动，过冷或者过热的工作环境等）影响电动汽车充电桩的正常运行。

对于新安装在调试时就出现故障的电动汽车充电桩，故障原因可能是因为在运输过程中，由于震动等因素导致电动汽车充电桩内的电路插件松动或者脱落，连线发生短路或者断路等。在电动汽车充电桩仓储过程中，因为其内元器件或者印制电路板受潮等因素造成的元器件失效，或者由于调试人员没有按电动汽车充电桩的使用操作步骤操作而造成的故障；也有由于在出厂前装配和调试时，部分存在质量问题的元器件未能检出，而影响电动汽车充电桩的正常运行。电动汽车充电桩故障无论是发生在线路上，还是发生在电气电子元件上，通常都是由短路或断路原因导致的，其现象与产生的原因如下。

① 短路故障。当电路局部短路时，负载由于短路而失效，这条负载线路的电阻小，而产生极大的短路电流，造成电源过载，导线绝缘损坏，严重时还会导致火灾。如电源"＋""－"极的两根导线直接接通；电源未经过负载直接接通；绝缘导线破损，并相互接触导致短路；接线螺钉松脱导致与线头相碰；接线时不慎，使两线头相碰；导线头碰触金属外壳部分等。

② 断路故障。对于断路的电路，在电路断点后没有电源，因此在电源到负载的电路中某一点中断时，电流不通。故障原因有线路折断、导线连接端松脱以及接触不良等。

(2) 电动汽车充电桩故障分类

电动汽车充电桩故障分类见表 10-4。

表 10-4 电动汽车充电桩故障分类

分类依据	分类	定义及特点
故障的性质	系统性故障	是指只要满足一定的条件则一定会产生的确定性故障。确定性故障是指电动汽车充电桩中的硬件损坏，或者只要满足一定的条件，电动汽车充电桩必然会发生的故障。这一类故障现象在电动汽车充电桩运行中比较常见，由于它具有一定的规律，所以也给维修带来方便。确定性故障具有不可恢复性，故障一旦发生，如不对其进行维修处理，电动汽车充电桩不会自动恢复正常，但只要找出发生故障的根本原因，维修完成后电动汽车充电桩立即能够恢复正常运行。正确使用与精心维护是杜绝或避免系统性故障发生的重要措施
	随机性故障	是指电动汽车充电桩在工作过程中偶然发生的故障，此类故障的发生原因较隐蔽，很难找出其规律性，常常叫作"软故障"。分析与诊断引发随机性故障的原因是比较困难的，一般而言，故障的发生常常与元器件的安装质量、参数的设定、元器件的品质、软件设计不完善以及工作环境的影响等诸多因素有关。随机性故障有可恢复性，故障发生后，通过重新开机等措施，一般可恢复正常，但是在运行过程中，又可能发生同样的故障。加强电动汽车充电桩的维护检查，保证电动汽车充电桩的正确安装、可靠连接、正确接地以及屏蔽是减少或避免此类故障发生的重要措施
故障出现时有无指示	诊断指示故障	当今电动汽车充电桩均设计有完善的自诊断程序，实时监控充电桩的软、硬件性能，一旦发现故障则会立即报警或者在液晶屏上显示出简要文字说明，结合系统配备的诊断手册不仅能够找到故障发生的原因、部位，而且还有排除方法提示。电动汽车充电桩制造者会针对具体电动汽车充电桩设计，有相关的故障指示和诊断说明书，结合显示的故障信息加上电动汽车充电桩上的各类指示灯使得绝大多数故障的排除比较容易 电动汽车充电桩的故障报警可分为指示灯显示和显示器显示两种情况 (1) 指示灯显示报警指的是通过电动汽车充电桩的状态指示灯（一般由 LED 发光管或小型指示灯组成）显示报警信息。根据电动汽车充电桩的故障状态指示灯，可大致分析判断出故障发生的部位及性质。所以，在维修、排除故障过程中应认真检查这些状态指示灯的状态 (2) 显示器显示报警指的是可以通过显示器显示故障报警信息，由于电动汽车充电桩一般都具有较强的自诊断功能，若电动汽车充电桩的诊断软件以及显示电路工作正常，一旦充电桩出现故障，便能够在显示器上以报警符号及文本的形式显示故障信息。电动汽车充电桩能进行显示的报警信息少则几十种，多则上千种，它是故障诊断的重要信息
	无诊断指示故障	由电动汽车充电桩的故障诊断程序存在不完整性所引起，这类故障则要依靠对产生故障前的工作过程和故障现象及后果，并依靠维修人员对电动汽车充电桩的熟悉程度和技术水平加以分析、排除
故障产生的原因	电动汽车充电桩自身故障	由电动汽车充电桩自身的原因所导致，与外部使用环境条件无关，电动汽车充电桩所发生的绝大多数故障都属此类故障 使用性故障：是指由于使用人员操作不当或错误操作引起的故障，这种故障一般要求使用人员在操作前应正确阅读电动汽车充电桩的操作说明书，学会正确使用电动汽车充电桩的方法，以免造成不必要的安全事故和经济损失 元器件故障：一般是由电气电子元件本身有质量缺陷所导致，在电动汽车充电桩需要更换电气电子元件时，应该确定所用电气电子元件的电气规格参数准确无误，保证产品完好无损
	电动汽车充电桩外部故障	是指与其相关的外部器件性能改变及环境条件变化而引发的故障，如电源开关、电源线缆、通信线缆等发生故障，或因为三相电源的电压不稳定，三相电流不平衡，外界的电磁干扰，环境温度过高，有害气体、潮气以及粉尘侵入，外来振动等导致的电动汽车充电桩故障
按故障发生的部位	硬件故障	是指电动汽车充电桩硬件的物理损坏；一是人为和环境原因，如供电不良、环境恶劣、静电破坏或违反操作规程等原因造成的；二是电动汽车充电桩内电力电子元件的原因，如电子元件、印制电路、接触插件、电线电缆等损坏造成的，这是需要维修甚至更换才可排除的故障
	软件故障	是指因为软件系统错误而引发的故障，常见的软件故障有程序错误、设置错误等。软件故障需要输入或者修改某些数据甚至修改程序方可排除

续表

分类依据	分类	定义及特点
故障出现时有无破坏性	破坏性故障	是指电动汽车充电桩以及外部电气线路因为自身缺陷或环境影响而使电气电子元件功能丧失而无法正常工作。此类故障大多无法利用简单的方法修复或者根本无法修复，对于此类故障需要进行更换。对于破坏性故障，维修时不允许重演，只能通过产生故障时的现象进行相应的检查、分析来排除，技术难度较高且有一定风险。并且一定要把产生故障的原因查出且排除后，才能更换损坏的电气电子元件，进行必要的测试后，电动汽车充电桩才能上电运行
	非破坏性故障	对于温升过高及运行时发出异常响声等非破坏性故障，电动汽车充电桩一般还可以运行，但长期运行会发展为破坏性故障。发生此类事故后也应立即停止电动汽车充电桩运行，进行必要检修，排除故障后方可运行
显性和隐性故障	显性故障	是指故障部位有明显的异常现象，也就是明显的外部表征，很容易被人发现。此类故障能够通过看、闻、听等人为主观察觉来判断，比如元器件被烧毁时会冒烟，闻到有烧焦的味道，有放电声和放电痕迹等
	隐性故障	是指故障部位无明显的异常，即无明显的外部特征，无法通过主观判断出故障部位，一定要借助一定的辅助手段，如仪器、仪表等，而有一些则需要依赖于一定的检修工作经验来判别。隐性故障查找起来常常需要花费很长的时间和精力，并要根据电路原理系统进行分析和判断
发生故障或损坏的特征		一类是在运行中频繁出现的自动停机现象，并且伴随着一定的故障信息显示，其处理方法可依据电动汽车充电桩随机说明书上提供的方法进行处理和解决。这类故障一般是因为电动汽车充电桩运行参数设定不合适，或者外部工况、条件不满足电动汽车充电桩使用要求所产生的一种保护动作现象
		一类是由于使用环境恶劣，高温、导电粉尘导致的短路，或潮湿引起的绝缘能力降低或击穿等突发故障(严重时，会出现打火、爆炸等异常现象)。这类故障发生后，需要对电动汽车充电桩进行解体检查，重点查找损坏元器件，根据故障发生区域，进行清理、测量、更换，然后全面测试，经上电对电动汽车充电桩进行综合性能测试之后，再投入运行，以达到排除故障的目的
故障影响范围和程度	全局性故障	是指影响到整个充电桩正常运行的故障
	相关性故障	是指某一故障与其他故障之间有着因果或关联关系
	局部性故障	是指故障只影响了充电桩的某些项或者几项功能
	独立性故障	特指某一元器件发生的故障
故障发生的时间、周期	固定性故障	是指故障现象稳定，可重复出现，其原因主要是因为开路、短路、元器件损坏或某一元器件失效引起的
	暂时性故障	是指故障的持续时间短、工作状态不稳定、时好时坏，造成的原因可能是元器件性能下降或接触不良等

10.2.2 电动汽车充电桩维修流程

引发电动汽车充电桩故障可能只是某一个电气电子元件，而对于维修人员最重要的是要找到故障的电气电子元件，需要进行检查、测量后进行综合分析做出判断，才可以有针对性地处理故障，尽量减少无用的拆卸，特别是要尽量减少使用电烙铁的次数。除了经验，掌握正确的检查方法是十分必要的。正确的检查方法能够帮助维修人员由表及里、由繁到简、快速地缩小检测范围，最终查出故障原因并进行适当处理，从而排除故障。

(1) 电动汽车充电桩维修过程

由维修电动汽车充电桩的经验来看，与强电相关的器件、大功率器件、电源部分以及相应的驱动电路损坏频率比较高，当然在维修过程中也会出现各种各样的故障现象，其表现与相应的电子电路有关。电动汽车充电桩的维修过程就是寻找相应故障点的过程，在维修过程中应该坚持以人为主、设备为辅的原则，充分发挥人的主观能动性，降低维修成本，从故障现象入手，分析电路原理、时序关系、工作过程，将各种可能存在的故障点找出，然后利用一些维修检测设备，确定故障点和故障元器件（包括定性与定量指标），再寻找相应的元器件进行替换，使电动汽车充电桩固有的性能指标得以恢复。一般电动汽车充电桩维修过程包括下列几个方面。

① 询问电动汽车充电桩的故障现象，包括故障发生前后外部环境的变化，比如电源的异常波动、负载的变化等。

② 依据用户对故障充电桩的描述，分析可能造成故障的原因。

③ 确认被维修电动汽车充电桩的程序，分析维修恢复的可行性。

④ 根据故障现象，借助分析电路工作原理，确定故障电路，从故障电路中找出元器件损坏的原因。

⑤ 寻找相关的器件进行替换。

⑥ 在确定所有可能导致故障的原因都排除的情况下，通电进行测试，在做这一步时，一般要求所有的外部条件都必须具备，并且不会造成故障的进一步扩大化。

⑦ 在电动汽车充电桩正常工作的情况下，对电动汽车充电桩进行系统测试。

(2) 维修人员的素质条件

电动汽车充电桩系统结构十分复杂、价格昂贵，所以对电动汽车充电桩维修人员素质、维修资料的准备、维修仪器的使用等方面均提出了比普通电器维修更高的要求。维修人员的素质直接决定了维修效率和效果，为了能够迅速、准确判断故障原因，并进行及时、有效的处理，排除电动汽车充电桩故障，作为电动汽车充电桩的维修人员应具备下列方面的基本条件。

① 具有较广的知识面。电动汽车充电桩维修的第一步是要依据故障现象，尽快将故障的真正原因与故障部位判断出来，这一点既是维修人员必须具备的素质，同时又对维修人员提出了很高的要求。它要求电动汽车充电桩维修人员不仅要掌握电子、电气两个专业的基础知识以及基础理论，而且还应熟悉电动汽车充电桩的结构与设计思想，熟悉电动汽车充电桩的性能，只有这样，才可以迅速找出故障原因，判断故障所在。此外，维修时为了对某些电路、元器件进行测试，作为维修人员还应具备一定的测量技能。要求电动汽车充电桩维修人员学习并基本掌握相关电动汽车充电桩的基础知识，如计算机技术、模拟与数字电路技术以及自动控制技术等，学习并掌握在电动汽车充电桩维修中常用的仪器、仪表以及工具的使用方法。

② 善于思考。电动汽车充电桩的结构十分复杂，各部分之间的联系紧密，故障涉及面广，而且在有些场合故障所反映出的现象不一定是产生故障的根本原因。所以作为维修人员必须依据电动汽车充电桩的故障现象，通过分析故障产生的过程，针对各种可能产生的原因，由表及里，透过现象看本质，迅速将发生故障的根本原因找出并予以排除。电动汽车充电桩的维修人员切忌草率下结论，避免盲目更换元器件，尤其是电动汽车充电桩的模块及印制电路板。

③ 重视总结积累。电动汽车充电桩的维修速度在很大程度上要凭借维修人员的素质和平时的经验积累，维修人员遇到过的故障、处理过的故障越多，其维修经验也就越丰富。电动汽车充电桩虽然品牌繁多，性能有一定的差异，但是其基本的工作过程和原理却是相同的。所以，维修人员在排除了某一故障后，应对维修过程及处理方法进行及时总结、归纳，形成书面记录，以供今后同类故障维修时参考。尤其是对于自己一时难以解决，最终由同行技术人员或专家协同处理的故障，更应该细心观察，认真记录，以便于提高。如此日积月累，以达到提高

自身水平与素质的目的，在不断的实际维修实践中提高分析能力及故障诊断技能。

④ 善于学习。电动汽车充电桩维修人员应经过良好的技术培训，不断学习电气及电子技术基础理论知识，特别是针对具体电动汽车充电桩的技术培训。首先是参加相关的培训班及电动汽车充电桩安装现场的实际培训，然后向有经验的维修人员学习，更重要的是坚持长时间的自学。作为电动汽车充电桩维修人员不仅要注重分析和积累，还应勤于学习，善于思考。电动汽车充电桩说明书内容一般都较多，如操作、连接、参数设置、安装调试、维修手册、功能说明等。这些资料要在实际维修时进行全面、系统的学习。所以，作为维修人员要了解电动汽车充电桩系统的结构，并按照实际需要，结合维修资料，去指导维修工作。

⑤ 具备专业外语基础。目前电动汽车充电桩的部分元器件还是主要依靠进口，其配套的说明书、资料常常使用原文资料，电动汽车充电桩的报警文本显示亦以外文居多。为了能迅速根据系统的提示和电动汽车充电桩说明书中所提供的信息确认故障原因，加快维修进程，作为维修人员，最好能具备一定的专业外语的阅读能力，以便分析和处理问题。

⑥ 能熟练操作电动汽车充电桩。电动汽车充电桩的维修离不开实际操作，尤其是在维修过程中，维修人员要进行一般电动汽车充电桩操作者无法进行的特殊操作，如进行电动汽车充电桩参数的设定与调整，利用计算机以及软件联机调试，借助电动汽车充电桩自诊断技术等。所以，从某种意义上说，一个高水平的维修人员，其操作电动汽车充电桩的水平应比一般操作人员更高、更强。

⑦ 具有较强的动手能力。动手能力是电动汽车充电桩维修人员必须具备的素质，但是，对于维修电动汽车充电桩这类高技术设备，动手前必须有明确的目的、完整的思路以及进行细致的操作。动手前应仔细思考、观察，找准入手点，在动手过程中更要做好记录，特别是对于电气元件的安装位置、导线号、电动汽车充电桩参数、调整值等均必须做好明显的标记，以便恢复。维修完成后，应做好"收尾"工作，如把电动汽车充电桩紧固件安装到位，把电线、电缆整理整齐等。

在电动汽车充电桩维修时应尤其注意其中的某些印制电路板是需要用电池保持参数的，对于这些印制电路板切忌随便插拔；更不可在不了解元器件作用的情况下，随意调换电动汽车充电桩中的器件、设定端子，任意改变设置的参数，任意调整电位器位置，以防止产生更严重的后果。要做好维修工作，必须掌握科学的方法，而科学的方法需在长期的学习及实践中总结提高，从中提炼出分析问题、解决问题的方法。

(3) 技术资料的要求

技术资料的要求见表10-5。

表10-5 技术资料的要求

资料种类	包含内容及要求
电动汽车充电桩使用说明书	是通过电动汽车充电桩生产厂家编制并随电动汽车充电桩提供的随机资料，包括 (1) 电动汽车充电桩的操作方法及步骤 (2) 电动汽车充电桩及主要元器件的结构原理示意图 (3) 电动汽车充电桩安装和调整的方法与步骤 (4) 电动汽车充电桩电气控制原理图 (5) 电动汽车充电桩的特殊功能及其说明
电动汽车充电桩的操作使用手册	是由电动汽车充电桩生产厂家编制的使用手册，包括 (1) 电动汽车充电桩面板操作说明 (2) 电动汽车充电桩的具体操作步骤(包括手动、自动、试运行等方式的操作步骤，以及程序、参数等的输入、编辑、设置和显示方法) (3) 系统调试、维修用的大量信息，如"电动汽车充电桩参数"的说明、故障信息说明及故障信息处理方法、系统连接图等是维修电动汽车充电桩过程中必须参考的技术资料之一

续表

资料种类	包含内容及要求
电动汽车充电桩参数清单	是由电动汽车充电桩生产厂根据电动汽车充电桩的实际应用情况,对其进行设置与调整的重要参数。它不仅直接决定了电动汽车充电桩的配置和功能,而且也关系到电动汽车充电桩的动、静态性能和精度,所以也是维修电动汽车充电桩的重要依据与参考。在维修时,应随时参考"电动汽车充电桩参数"的设置情况来调整、维修电动汽车充电桩;尤其是在更换电动汽车充电桩模块时,一定要记录电动汽车充电桩的原始设置参数,以便于恢复电动汽车充电桩的功能
电动汽车充电桩的功能说明书	该资料由电动汽车充电桩生产厂家编制,功能说明书不仅包含了比电气原理图更为详细的电动汽车充电桩各部分之间连接要求与说明,而且还包括了原理图中未反映的信号功能描述,是维修电动汽车充电桩,特别是检查电气接线的重要参考资料
维修记录	这是维修人员对电动汽车充电桩维修过程的记录与维修工作总结,最理想的情况是,维修人员应对自己所进行的每一步维修均进行详细记录,不管当时的判断是否正确,这样不仅有助于今后进一步维修,而且也有助于维修人员的经验总结与水平提高

(4) 物质条件

① 通用电动汽车充电桩的电气电子元件备件。
② 通用电动汽车充电桩常备电气电子元件应当做到采购渠道快速畅通。
③ 必要的维修工具、仪器仪表等,并且配有笔记本电脑且装有必要的维修软件。
④ 完整的电动汽车充电桩技术图样及资料。
⑤ 电动汽车充电桩使用及维修技术档案材料。

参 考 文 献

[1] 严朝勇.电动汽车充电站的运行与管理［M］.重庆：重庆大学出版社，2017.
[2] 姜久春.电动汽车充电设施运行与维护技术［M］.北京：北京交通大学出版社，2016.
[3] 韩刚团，江腾.电动汽车充电基础设施规划与管理［M］.北京：中国建筑工业出版社，2017.
[4] 周志敏，纪爱华.电动汽车充电桩（站）设计与施工［M］.北京：中国电力出版社，2016.
[5] 滕乐天.电动汽车充电机（站）设计［M］.北京：中国电力出版社，2009.